Kleine Geschichte der Sprachwissenschaft

Ursula Weber

Kleine Geschichte der Sprachwissenschaft

gnv Gunter Narr Verlag Tübingen

Titelbild: Skulptur des Pythagoras am Königsportal der Kathedrale in Chartres

Bibliografische Information der Deutschen Bibliothek

Die Deutsche Bibliothek verzeichnet diese Publikation in der Deutschen Nationalbibliografie; detaillierte bibliografische Daten sind im Internet über <http://dnb.ddb.de> abrufbar.

© 2003 · Gunter Narr Verlag Tübingen
Dischingerweg 5 · D-72070 Tübingen

Das Werk einschließlich aller seiner Teile ist urheberrechtlich geschützt. Jede Verwertung außerhalb der engen Grenzen des Urheberrechtsgesetzes ist ohne Zustimmung des Verlages unzulässig und strafbar. Das gilt insbesondere für Vervielfältigungen, Übersetzungen, Mikroverfilmungen und die Einspeicherung und Verarbeitung in elektronischen Systemen.
Gedruckt auf säurefreiem und alterungsbeständigem Werkdruckpapier.

Internet: http://www.narr.de
E-Mail: info@narr.de

Gesamtherstellung: Hubert & Co., Göttingen
Printed in Germany

ISBN 3-8233-6033-7

EDUARD HAUEIS

zum

65. Geburtstag

Inhalt

Vorwort 9

I Sprachwissenschaft
   in grammatischer Tradition 19

II Sprachwissenschaft
    im Rahmen vergleichender Philologien 49

III Linguistik im 20. Jahrhundert 65

Ausgewählte Literatur 105

Vorwort

Diese "Kleine Geschichte der Sprachwissenschaft" ist die Zusammenfassung einer Vorlesung, die von mir in der Zeit von 1975–2000 im Rahmen des Lehramtsstudiengangs sowie des "Studium Integrale" an der Technischen Universität Braunschweig in abgewandelter Form wiederholt unter dem Thema: "Überblick über die Geschichte der Linguistik" angeboten wurde.

Der Initiative von Studierenden ist es zu verdanken, dass zunächst eine Zusammenfassung in schriftlicher Form entstand.

Mehrfach äußerten Teilnehmer der Lehrveranstaltungen den Wunsch nach einer schriftlichen Fassung des Vorgetragenen mit der Begründung, Komplexität und Detailfülle der angegebenen Literatur von wissenschaftlichen Kompendien und Einführungswerken seien für Anfänger oft entmutigend. Eine schriftliche Zusammenfassung der Vorlesung jedoch würde den Einstieg und danach auch ein Sichzurechtfinden in einschlägigen Werken der Fachliteratur wesentlich erleichtern.

Als darüber hinaus mehrere wissenschaftliche Hilfskräfte beeindruckendes Engagement sowie uneingeschränkten Arbeitswillen zeigten, eine Vervielfältigung vorliegender Aufzeichnungen für den Studienbetrieb vorzubereiten, vermochte ich mich der Erfüllung dieses Wunsches nicht mehr zu entziehen.

So entstand "Geschichte der Linguistik im Überblick" erstmals 1996 als 'Reader' für den internen Studienbetrieb.

Im Jahr 2000 wurde die Vorlesung bei "studieren-im-netz" im Rahmen eines Projekts des Bundesministeriums für Bildung und Wissen erstmals auch 'online' zur Verfügung gestellt.

Zwischenzeitlich erschienene Kompendien und Monographien zum Thema (vgl. Literaturverzeichnis) machen nunmehr nachträgliche Ergänzungen und Überarbeitungen erforderlich.

Gemessen an dem gegenwärtigen Forschungsstand kann dieses kleine Buch nur wenige Details und Fragestellungen enthalten. Daher ist auch nur eine ansatzweise exemplarische Stellungnahme zum Thema intendiert.

Bei dem geringen Umfang muss der Inhalt nicht nur exemplarisch, sondern auch relativ sporadisch bleiben.

Intendiert ist lediglich die oben angedeutete Hilfestellung, um Wissenschaftlern, Studierenden und anderen Interessenten den Zugang zur umfangreichen einschlägigen Fachliteratur zu erleichtern.

Die Literaturangaben sind bewusst so begrenzt wie möglich gehalten. Gleichwohl werden einige wenige Schriften erwähnt, die für meine eigenen Überlegungen in exemplarischer Weise von Bedeutung sind.

Für eine weitergehende Beschäftigung sowie für das Interesse an Einzelthemen, Epochen und Autoren sei auf die in den Kompendien und Monographien enthaltenen Bibliographien verwiesen.

Im Folgenden wird kurz auf Motivation und Erkenntnisinteresse eingegangen, Aspekte also zum "Warum?" einer Beschäftigung mit der Geschichte der Linguistik.

Nichts hilft dem Laien oder dem Studierenden, der zum ersten Mal Bekanntschaft mit der Linguistik macht, mehr, als ein Überblick über ihre Geschichte. (1972: 2)

Dieser Meinung von *John Lyons* sowie auch der Begründung derselben, schließe ich mich an.

Die Beschäftigung mit der Geschichte eines Faches ist deshalb zu Beginn des Studiums so zweckmäßig, weil es der beste Weg ist, grundlegende Prinzipien und theoretische Ansätze einer Disziplin kennenzulernen, indem man sie aus der Tradition des Denkens heraus erschließt.

Auch ermöglicht es die Beschäftigung mit der Geschichte der Linguistik, Gedankengänge, welche von bedeutenden Gelehrten verschiedener Zeiten und Zeitalter diskutiert wurden, nachzuvollziehen.

Dabei werden zugleich bestandene und bestehende Fehlmeinungen über Sprache deutlich sowie wissenschaftliche Bemühungen, diese zu revidieren.

Letzteres ist deshalb so wichtig, weil es zu den Voraussetzungen einer jeden wissenschaftlichen Auseinandersetzung gehört, so vorurteilsfrei wie möglich Gedankengänge zu verfolgen und Sachverhalte zu analysieren.

Durch die Kenntnis historischer Zusammenhänge bezüglich der Reflexion über Sprache gewinnt man Zugang zu einer kritischen Betrachtung der jeweils eigenen Vorstellungen und Meinungen über dieselbe.

Zu Beginn des Studiums der Linguistik besitzt jeder Sprachbenutzer gewissermaßen vorwissenschaftliche Einschätzungen hinsichtlich seiner Sprache, welche zunächst überwiegend im Umfeld von Elternhaus und Schule übermittelt wurden.

An diese Vorstellungen sind Sprachteilnehmer z. T. so sehr gewöhnt, dass es für sie den Anschein hat, sie entsprächen unbedingt dem so genannten 'gesunden Menschenverstand'.

Dabei entsteht die Fehlmeinung, gerade diese Auffassungen seien das einzig Richtige und Sinnvolle. Bei genauerer Überprüfung bemerkt man jedoch, dass die Dinge gar nicht immer so einfach und klar sind, wie es scheint, dass vielmehr die zufälligen Meinungen und Vorurteile über häufig recht komplexe Sachverhalte, welche zunächst als einfach und selbstverständlich angesehen werden, in Wirklichkeit einseitige, fehlerhafte und subjektiv eingefärbte Vorstellungen sind, welche häufig sehr wohl der Klärung und Revision bedürfen.

Eine weit verbreitete Fehlmeinung beruht – und zwar nicht nur in der Linguistik, sondern in jeder fachlichen Disziplin – auf der Annahme, dass die Erkenntnisse der Gegenwart von besonders einzigartiger, neuartiger und fortschrittlicher Natur seien.

Damit verhält es sich wie mit einer optischen Täuschung: Alles, was aus nächster Nähe betrachtet wird, erscheint größer und bedeutsamer. Daher kommt es wohl, dass sich häufig mit zunehmendem zeitlichen Abstand die Bedeutung des wissenschaftlichen Fortschritts verringert.

Bei der Beschäftigung mit der Geschichte der Linguistik wird deutlich, dass viele Probleme, welche Linguisten gegenwärtig beschäftigen, schon seit Jahrhunderten Sprachwissenschaftler beschäftigt haben und dass viele Ergebnisse zwischenzeitlich in Vergessenheit geraten sind.

Für dieses Phänomen gibt es vorwiegend zwei Gründe:
1. Der Umstand, dass die meisten Quellen über die Geschichte der Sprachwissenschaft nicht mehr in Originaltexten erhalten und Sprachforscher deshalb auf Sekundärschriften angewiesen sind.
2. Eine weitere Schwierigkeit stellt das Sprachenproblem dar. Selbst wenn man sich bei der Erforschung der Sprache nur auf Quellen der abendländischen Literatur stützt und damit dem Vorwurf des Eurozentrismus kaum entgehen dürfte, verlangt die Kenntnisnahme allein dieser Quellen ungewöhnlich vielfältige Sprachkenntnisse. Da diese zwar wünschenswert, praktisch jedoch nur bedingt verfügbar sein können, muss im Wesentlichen auf Übersetzungen zurückgegriffen werden; ein Umstand, der ebenfalls den Zugang erschwert.

Ungeachtet der zum Teil nur rudimentär überlieferten Texte, welche zur Verfügung stehen, ist hinsichtlich der Beschäftigung mit der Geschichte der Sprachwissenschaft bemerkenswert, dass es seit Jahrhunderten – ja seit Jahrtausenden – immer wieder hervorragende Gelehrte gab und gibt, welche wesentliche Einsichten in die Struktur und Bedeutung von Sprache überlieferten und dass viele Meinungen, welche man als selbstverständlich voraussetzt, bei eingehender Analyse zu interessanten und oftmals andersartigen Ergebnissen führen, als dies häufig erwartet wird.

Die oben erwähnte 'optische Täuschung', dass nämlich zeitlich Nahestehendes eher bedeutsam und Fernerstehendes dagegen eher unwesentlich erscheint, spiegelt sich u. a. auch in dem Tatbestand, dass in einigen Schriften zur Geschichte der Sprachwissenschaft die Zeiträume bis zum 19. Jahrhundert komprimiert und kurz abgehandelt werden, wohingegen das, was unter "Moderner Linguistik" verstanden wird, wesentlich ausführlicher dargestellt ist.

In neueren Kompendien der letzten Jahre (Vgl. *Auroux* et al. 2000/2001) ist jedoch eine Akzentverschiebung zu beobachten.

Gleichwohl werde ich mich in meinen Ausführungen einerseits an die alte Gepflogenheit anschließen, andererseits aber versuchen, sie zu relativieren, indem ich ausführlicher auf jene Fragestellungen der traditionellen Sprachwissenschaft eingehe, welche für die gegenwärtige Linguistik von besonderer Bedeutung sind.

Deshalb werde ich dort, wo sich Verbindungen aufzeigen lassen, entsprechend länger bei der traditionellen Entwicklung der Reflexion über Sprache verweilen.

Hans Arens nimmt in seinem 1969 (erstmals 1955) erschienenen Buch: "Sprachwissenschaft. Der Gang ihrer Entwicklung von der Antike bis zur Gegenwart", eine Unterteilung in drei große Epochen vor.

Die erste Epoche umfasst die Sprachforschung vor dem 19. Jahrhundert, die zweite das 19. Jahrhundert selbst und die dritte Epoche das 20. Jahrhundert.

In Anlehnung an diese Aufgliederung gelten meine Ausführungen folgenden Bereichen:

I Sprachwissenschaft in grammatischer Tradition.
II Sprachwissenschaft im Rahmen vergleichender Philologien.
III Linguistik im 20. Jahrhundert.

Die Bezeichnungen implizieren zugleich einschlägige Begriffe, welche die Sprachforschung der einzelnen Zeitabschnitte kennzeichnen, nämlich die Begriffe "Grammatik", "Philologie" und "Linguistik". Bei näherer Beschreibung der einzelnen historischen Epochen hinsichtlich der Erforschung der Sprache wird auf diese drei Ebenen näher einzugehen sein bzw. wird versucht, sie näher aus ihrem historischen Zusammenhang heraus zu erklären.

Dieses Buch enthält eine Zusammenfassung der drei großen Epochen der Geschichte der Sprachwissenschaft. Auch werden die für linguistische Forschung wichtigsten Fakten, Fragestellungen, Gedankengänge und Ergebnisse darzustellen sein. Dabei sind wenigstens ansatzweise die Besonderheiten einer Epoche mit noch anderen als rein sprachwissenschaftlichen, z. B. sprachpolitischen Fragen zu sehen.

Die Darstellung der Anfänge bezieht sich vorwiegend auf eine sprachwissenschaftliche Entwicklung, welche das klassische Altertum der europäischen Antike betrifft. Die zahlreichen anderen Anfänge der Entwicklung aus arabischen und asiatischen Quellen werden, wenn überhaupt, so nur angedeutet.

Für ein weiterreichendes Studium liegt seit 2000/2001 das umfangreiche dreisprachige Werk "Geschichte der Sprachwissenschaften. Ein internationales Handbuch zur Geschichte der Sprachforschung von den Anfängen bis zur Gegenwart" in bisher zwei Teilbänden vor.

Wie bereits eingangs erwähnt, wäre diese Publikation wohl kaum ohne das besondere Interesse und Engagement von Studierenden und wissenschaftlichen Hilfskräften entstanden.

Deshalb gilt mein Dank allen Studierenden, die innerhalb zahlreicher Diskussionen zur Klärung von Sachfragen beigetragen haben.

Namentlich seien diejenigen meiner wissenschaftlichen Hilfskräfte genannt, die sich aktiv für die Entstehung einsetzten: Anja Staub und Tina Tessin nahmen Textformationen vor, diskutierten Verbesserungen und setzten sich sehr für Vervielfältigung sowie Verbreitung des 'Reader' in den Lehrveranstaltungen ein.

Die Hilfestellungen von Jens Holloch bei der Textverarbeitung waren unentbehrlich.

Viktoria Adam (geb. Giesbrecht) trug durch kritische Fragen und Korrekturen Wesentliches bei.

Meiner Tochter Petra danke ich für konstruktives Verständnis, für Interesse und Anteilnahme bei der Arbeitsplanung.

Nicht zuletzt gilt mein besonderer Dank meinem Verleger Gunter Narr und seinen Mitarbeitern, insbesondere seinem Lektor Jürgen Freudl, für wertvolle Unterstützung bei der Herstellung dieses kleinen Buches.

Es ist *Eduard Haueis* zum 65. Geburtstag gewidmet. Prof. Dr. *Eduard Haueis* ermöglichte nicht nur Gedanken- und Erfahrungsaustausch über Institutsgrenzen hinaus.

Kontakte über mehr als drei Jahrzehnte gaben Gelegenheit, den Jubilar nicht allein als Akademischen Lehrer und Wissenschaftler zu würdigen, sondern auch seine Bereitschaft zur Übernahme beruflich-sozialer Verantwortung zu erfahren.

Mit der Widmung dieses Buches sei daher nicht nur Dank und Wertschätzung zum Ausdruck gebracht, vielmehr auch das Bewusstsein, dass solche Verantwortungsbereitschaft an unseren Hochschulen durchaus mit Einschränkungen eigener Entfaltungsspielräume verbunden sein kann.

Darüber hinaus ist es mein Wunsch, diese Widmung möge gelungener Verständigung zwischen Sprachwissenschaft und Fachdidaktik zur Erinnerung dienen.

Hannover, im Juni 2003

Ursula Weber

I

Sprachwissenschaft in grammatischer Tradition

Die reichste grammatische Tradition geht auf die Sprachforschung der Inder und Griechen zurück. Die Anfänge werden etwa auf das 5. Jahrhundert v. u. Z. geschätzt.

Innerhalb der philosophischen Schulen Griechenlands nahm die Erforschung der Sprache einen wesentlichen Teil ein. In ihnen war 'Grammatik' von jeher ein Teilbereich der Philosophie, und zwar wurde der Begriff 'Grammatik' für den gesamten Bereich der Sprachforschung verwendet. Dieser Begriff wurde von der griechischen Bezeichnung für "Kunst des Schreibens" hergeleitet.

Es gehörte dazu nicht nur die "Kunst des Schreibens", sondern auch die Lehre über Logik, Rhetorik und Epistemologie (Erkenntnistheorie); u. a. gehörte dazu auch das, was heute allgemein als 'Schulgrammatik' bezeichnet wird.

Mit "Traditioneller Grammatik" wird der Gesamtbereich der Sprachforschung von der Antike, dem Mittelalter, bis hin zur Aufklärung bezeichnet. Man kann davon ausgehen, dass die griechischen Philosophen für Europa die ersten Prinzipien der Sprachbetrachtung erarbeitet haben, Forschungsergebnisse, welche später von überregionalem und zum Teil internationalem Einfluss waren.

Dagegen wurden die Forschungsergebnisse der Inder derzeit nicht über die nationalen Grenzen hinaus getragen und dies, obwohl uns heute bekannt ist, dass die Inder eine reiche grammatische Tradition besaßen und es unter ihnen Grammatiker von großem Talent und Ansehen gegeben hat. Mit besonderer Verehrung wird Pânini (vermutlich 4. Jahrhundert v. u. Z.) erwähnt. Das Sanskrit, die Hochsprache Indiens, wurde von indischen Sprachforschern dergestalt analysiert, dass sie bereits über strukturelle Zusammenhänge von Sprache reflektierten; auch sollen sie schon Sinn für generative Interpretationen gehabt haben (vgl. Kap. III).

Diese und andere Begriffe werden später im Rahmen der "Modernen Linguistik" zu klären sein. Es sei an dieser Stelle lediglich erwähnt, welche für die abendländische Kultur bedeutenden wissenschaftlichen Erkenntnisse bereits zu jener Zeit möglich waren. Doch wie bereits angedeutet, hatte diese grammatische Tradition keinen Einfluss über die Grenzen des Landes hinaus. Erst bei der Kolonisierung Indiens durch Großbritannien im 18. und 19. Jahrhundert wurden die Leistungen der Inder auf dem Gebiet der Sprachforschung bekannt und zeigten z. T. erstaunliche Ähnlichkeiten mit Sprachanalysen innerhalb der abendländischen Kultur. Auf dieses Phänomen wird später noch im Zusammenhang mit der "Vergleichenden Philologie" einzugehen sein.

Im Folgenden soll zunächst auf die Methoden sowie auf einige Besonderheiten der "Traditionellen Grammatik" in den Philosophischen Schulen Griechenlands eingegangen werden.

Bereits damals wurden kontroverse Theorien entwickelt und von anerkannten Denkern jener Zeit diskutiert.
Eine jener Kontroversen war die Frage, ob Sprache etwas natürlich Gewachsenes sei oder ob sie auf Konventionen zurückgeführt werden müsse. Entsprechend der philosophischen Anschauungen jener Zeit gingen einige Sprachforscher davon aus, dass es außerhalb des Menschen einen ewigen und unveränderlichen Ursprung der Dinge gebe, dessen Prinzipien ebenfalls Grundlage von Sprache sein müssten. Dagegen meinten andere Denker, dass Sprache etwas Konventionelles sei. Darunter verstand man das Resultat von Vereinbarungen, von Überlieferungen und Bräuchen. Man dachte an nicht kodifizierte Übereinkünfte, so genannte 'stille Vereinbarungen', etwa 'Gesellschaftsverträgen' oder ähnlichem vergleichbar, und man ging davon aus, dass Vereinbarungen, die zwischen Menschen getroffen worden waren, auch wieder annulliert werden könnten.

Die Frage nach dem natürlichen Ursprung bzw. der Konventionalität von Sprache führte gleichzeitig zu der Frage, ob ein direkter und notwendiger Zusammenhang zwischen der Gestalt eines Lautes bzw. eines Wortes und seiner Bedeutung bestehe.
Die Anhänger der "Naturalistischen Schule" gingen davon aus, dass alle Wörter und die Dinge, die sie bezeichneten, unbedingt auf natürliche Weise zueinander passen müssten. Das sei zwar von Laien nicht immer

zu verstehen, doch seien die Philosophen in der Lage, dieses nachzuweisen, da sie ja befähigt seien, sozusagen 'hinter die Dinge' zu schauen, und damit der 'Wirklichkeit' bzw. der 'Wahrheit' am nächsten stünden.

Das griechische Wort oder der griechische Stamm für die Bedeutung von "wahr" oder "wirklich" ist: "etymo". Daraus entwickelte sich der Begriff der "Etymologie", welcher in der Fachsprache heute noch Verwendung findet.

Die griechischen Schulen der Naturalisten unterschieden für den Nachweis der Zugehörigkeit zwischen Wörtern und ihren Bedeutungen zwei Möglichkeiten der Interpretation.

Die erste Möglichkeit war der Nachweis des Zusammenhangs aufgrund von Imitation. Im Deutschen gibt es Wörter wie "tuten", "schrillen", "meckern", "wiehern"; Wörter also, in denen Laute, welche mit ihnen bezeichnet werden, zugleich imitiert werden.

Eine andere Möglichkeit der Zuordnung wurde in Kategorien gesehen, denen z. B. Wörter wie „Kuckuck", "Uhu" u. a. zuzuordnen sind. In ihnen wird nicht nur der Laut selbst imitiert, sondern auch die Quelle, aus der dieser Laut stammt, in diesem Fall jeweils eine bestimmte Vogelart, die derartige Laute produziert.

Diese Vorgehensweise wurde als 'Namensschöpfung' bezeichnet. Die griechische Bezeichnung dafür ist 'Onomatopoeia'.

Die Naturalisten, besonders die Stoiker, Anhänger einer philosophischen Schule in Athen, gingen davon aus, dass diese 'onomatopoetischen' Wörter den Kern oder den Ursprung der Sprache bildeten und dass sich alle anderen Bezeichnungen direkt oder indirekt von ihnen ableiten ließen.

Da den Naturalisten der Nachweis einer Ableitung nicht immer auf logische Weise gelang, nahmen sie Zuflucht zu verschiedenen Interpretationen.

Sie postulierten z. B., es gebe Wörter, die jene Eigenschaften in sich trügen, welche ihren Bezeichnungen entsprächen; auch gebe es weibliche und männliche, weiche und harte, fließende und feste Laute.

Es wurde ein angeblich 'natürlicher' Zusammenhang zwischen einem Wort und seiner Bedeutung behauptet, eben anhand dieser Interpretation, die auch als 'Lautsymbolik' bekannt geworden ist. Diese onomatopoetische, d. h. namenschöpferische und lautsymbolische Vorgehensweise der Interpretation spielte Jahrhunderte später in der Lyrik eine entscheidende Rolle. Sie hat auch den gesamten Bereich der so genannten "werkimmanenten Interpretation" der deutschen Nachkriegszeit beeinflusst. Hier besteht also ein Zusammenhang zwischen der Vorgehensweise griechischer Etymologen und neuzeitlichen Literaturinterpreten.

Nachdem die griechischen Etymologen alle Möglichkeiten der Onomatopoeia und der Lautsymbolik ausgeschöpft hatten, blieb ihnen noch eine beträchtliche Anzahl von Wörtern, auf welche diese Methoden nicht anwendbar waren. Sie erforschten daher Möglichkeiten der Ableitung von Wörtern aufgrund bestimmter Prinzipien, nach denen weitere traditionelle Gesetze der Etymologie festgelegt werden konnten. Hier gab es wieder zwei Methoden.

Die eine Methode beruhte darauf, dass die Herleitung eines Wortes von seiner ursprünglichen auf seine übertragene Bedeutung hin erweitert wurde. So entstand die 'Metapher'.

Solche Metaphern kommen in unserer Sprache bei zahlreichen Komposita vor.
Solche Komposita sind z. B. "Flaschen-hals", "Lampen-fuß", "Motor-haube".
Später wurde der Begriff der 'Metapher', ebenso wie die Begriffe 'Onomatopoeia' und 'Lautsymbolik', in die neuere Stilistik übernommen.

Eine zweite Methode der Erweiterung lautsymbolischer Interpretationen beruhte auf der Veränderung der Gestalt eines Wortes durch Hinzufügen, Weglassen, Ersetzen und Umstellen von Lauten. Diese Methode konnte nur durch sehr willkürliche und subjektive Einschätzungen einzelner Interpreten angewendet werden, und somit gab gerade die geringe Allgemeingültigkeit dieser Postulate Anlass zu heftigen Streitigkeiten und Angriffen, ein Disput, der Jahrhunderte andauerte und zu vielen verschiedenen Spekulationen über den Ursprung der Sprache geführt hat.

Die Bedeutung der Naturalistischen Schule liegt darin, dass sie bei Sprachforschern das Interesse an einer Klassifizierung und Systematisierung weckte und förderte, Grundlage eines besonderen Denkprinzips, welches in der europäischen Kultur im Allgemeinen und in den Grammatiktheorien jahrhundertealter Tradition im Besonderen, Anwendung fand. Es ist daher davon auszugehen, dass die Art unseres Denkens hinsichtlich der Analyse von Sprache auf die griechische Tradition dieser Zeit zurückgeht. Solche Prinzipien des Denkens werden später in der "Modernen Linguistik" des 20. Jahrhunderts angewendet und erweitert.

Der Disput zwischen den Naturalisten und Konventionalisten erweiterte sich im Laufe der Zeit zu der Streitfrage, ob Sprache etwas Regelhaftes oder etwas Willkürliches sei.

In jeder Sprache sind Regularitäten zu beobachten, d. h. Erscheinungsformen, die bei verschiedenen Wörtern immer wieder auftreten. Eine solche Regel ist z. B. im Deutschen die Pluralflexion.

Beispiele dazu sind: "Kind – Kinder", "Rind – Rinder", "Mund – Münder"; aber: "Hund – Hunde" (nicht "Hünder").

Hier besteht also eine Abweichung von der Regel. Im Englischen wird das besonders deutlich, weil es dort weniger Regeln für die Pluralbildung gibt als etwa im Deutschen. Im Deutschen gibt es die Pluralbildung durch

- Anhängen von "er": "Kind – Kinder",
- die Veränderung des Artikels: "das Fenster – die Fenster",
- Umlaut: "Maus – Mäuse".

Aber im Englischen gibt es nur eine wichtige Regel der Pluralbildung, nämlich das Anhängen von "s".

So heißt es: "boy – boys", "girl – girls", aber als Ausnahme: "child – children".

Solche und ähnliche Beobachtungen von Ausnahmen und Abweichungen haben immer wieder die Streitfrage nach der Regelhaftigkeit bzw. Regelwidrigkeit von Sprache aufgeworfen.

Jene Denker, welche behaupteten, dass Sprache vor allem systematisch und regelhaft sei, gingen vom Analogiecharakter der Sprache aus, während andere, welche vorwiegend die Irregularitäten von Sprache beobachteten, diese "Anomalien" nannten.

Das Prinzip der "Analogie" als Regelhaftigkeit von Sprache wurde z. B. von den berühmt gewordenen Philosophen *Plato* (427–347 v. u. Z.) und *Aristoteles* (384–322 v. u. Z.) vertreten. Sie gehörten deshalb zu den "Analogisten".

Diese 'Analogisten' bemühten sich, Modelle und Schemata aufzustellen, nach denen sich Wörter einer Sprache einordnen lassen. In der gegenwärtigen Linguistik wird diese Vorgehensweise als "paradigmatisch" bezeichnet. Der Begriff 'Paradigm' ist den griechischen Begriffen 'Modell' oder 'Beispiel' verwandt.

Die 'Anomalisten' leugneten zwar nicht, dass es solche Regelhaftigkeiten, also solche 'Paradigmen', in der Sprache gibt, doch wiesen sie nachdrücklich darauf hin, dass es eine ganz beträchtliche Anzahl von Abweichungen gebe, welche mit dem Analogieprinzip nicht erklärbar seien, und dass es für Wörter ein und derselben Klasse verschiedene Analogien geben kann, ein Phänomen, das im Griechischen, Lateinischen und Deutschen wesentlich häufiger auftritt als etwa im Englischen, ein Phänomen, von dem bereits im Zusammenhang mit der Pluralbildung die Rede war.

Die 'Anomalisten' verwiesen auch auf den Umstand, dass der Zusammenhang zwischen Wort und Bedeutung häufig eben nicht 'naturwüchsig', sondern 'anomal' sei.

Diese These wurde u. a. auch durch das Vorhandensein der Synonyma und Homonyma gestützt.
Der Begriff 'Synonymie' kennzeichnet den Sachverhalt, dass zwei verschiedene Wörter ein und dieselbe Bedeutung haben, z. B.: "Hose" – "Beinkleid".

'Homonymie' bezeichnet dagegen ein sprachliches Phänomen dahingehend, dass eine Form mehrere voneinander verschiedene Bedeutungen haben kann, z. B. "das Tor" – "der Tor", "das Blatt" auf dem Baum – "das Blatt" als Buchseite.

Die 'Anomalisten' behaupteten nun, dass Sprache nicht auf Konventionen beruhen könne, denn dann müsste sich Regelhaftigkeit stringent nachweisen lassen. Vielmehr sei es ein natürliches Phänomen von Sprache überhaupt, dass sie nur zu geringem Teil mit Hilfe von Analogien zu beschreiben und zu erklären sei.
Man müsse also von der irrationalen Natur der Sprache ausgehen und man werde der Sprache bei einer Beschreibung oder einer Analyse in ihrem Kern am meisten gerecht, wenn man sich dem lebendigen Sprachgebrauch zuwende, d. h. wenn man Sprache so beobachte, wie sie sei, und nicht, wie sie auf Grund der aufgestellten Prinzipien sein solle.
Hier wird erstmals eine Auffassung deutlich, welche später in der "Modernen Linguistik" eine entscheidende Rolle spielt, nämlich die Unterscheidung zwischen

deskriptiver, d. h. beschreibender, und präskriptiver, also einer normativen Grammatik.

Die deskriptive Methode beschreibt, was ist, die präskriptive dagegen, was sein soll.
Die erstere Vorstellung bezieht sich auf die Beschreibung des aktuellen Sprachgebrauchs, die letztere auf die Beschreibung oder die Vorschrift, wie auf der Grundlage festgesetzter Normen gesprochen und geschrieben werden soll.
In der letzteren steht also der Normcharakter von Sprache im Vordergrund.
Während die 'Analogisten' dazu neigten, Anomalien, d. h. Regelwidrigkeiten zu korrigieren, verlangten die 'Anomalisten', man müsse seine Auffassung über das Wesen der Sprache und nicht die Sprache selbst ändern.

Wie bereits erwähnt, wurden *Plato* und *Aristoteles* den Analogisten zugeordnet. 'Anomalisten' waren dagegen Stoiker, Vertreter einer Schule, die unter *Cenon* im 3. Jahrhundert v. u. Z. in Athen bestand und einen weitreichenden Einfluß auf das Denken jener Zeit ausübte.
Später haben Grammatiker die kontroversen Prinzipien von 'Analogie' und 'Anomalie', d. h. von Sprachnorm und Spachgebrauch, als gleichberechtigte Prinzipien nebeneinander anerkannt. Doch ist dieses Problem niemals wirklich gelöst worden. Immer wieder, auch in unserer Zeit, wird häufig die Frage diskutiert, welcher Sprachgebrauch jeweils als der richtige akzeptiert werden soll.

Im Verlauf der Epoche, die als "Moderne Linguistik" bekannt ist, wurde dieses Problem zwar weiter verfolgt, doch lässt sich im Rahmen des Deutschunterrichts nachweisen, dass es bis heute keine abschließenden und einstimmig akzeptierten Antworten auf solche und ähnliche Fragen gibt.

Zu Anfang des 3. Jahrhunderts v. u. Z. wurde in der griechischen Kolonie Alexandrien eine Großbibliothek errichtet. In ihr entwickelte sich ein Zentrum für Sprachforschung. Die dort arbeitenden Sprachwissenschaftler waren Analogisten, obwohl sie sich die Erkenntnisse der Stoiker zu eigen gemacht hatten. Sie sahen ihre Aufgabe vor allem darin, die Originaltexte berühmter Dichter des klassischen Altertums, insbesondere der *Homerschen* Epen, welche im Originaltext verschollen waren, zu rekonstruieren.

Dies geschah durch Vergleich verschiedener Handschriften derselben Werke. Die Bewunderung der Handschriften alter Meister ging mit der Ansicht einher, dass die Sprache in den Schriften alter Tradition reiner und richtiger sei als die eigene Umgangssprache, welche zu jener Zeit in Alexandrien üblich war. Dabei wurde zwischen gesprochener und geschriebener Sprache derzeit noch nicht unterschieden.

Im "Alexandrinischen Klassizismus", so wurde diese Epoche genannt, bildeten sich aufgrund der oben beschriebenen Forschungsintentionen zwei Vorurteile heraus, die als Fehlmeinungen bis in unsere Zeit überliefert worden sind:

1. Die eine Meinung bezieht sich auf die Bewertung einer ganz bestimmten Standardsprache. So entstand nämlich die Einstellung, dass die Sprache der Attischen Autoren, z. B. die Sprache *Homers* aus dem 8. Jahrhundert v. u. Z., reiner, schöner und richtiger sei als die Sprache der eigenen Epoche und dass die Sprache durch die Bewahrung des alten Sprachgebrauchs von den Gebildeten vor dem „Verderben" durch Analphabeten und Ungebildete bewahrt und geschützt werden könne und müsse. Dieses Vorurteil behielt über 2000 Jahre Gültigkeit. Später wird auf die soziale Funktion und deren Auswirkungen noch näher einzugehen sein.

2. Das zweite Vorurteil bezog sich auf das Verhältnis zwischen gesprochener und geschriebener Sprache. Und zwar ging man davon aus, dass die geschriebene Sprache zuerst vorhanden gewesen und die gesprochene Sprache von ihr abgeleitet und somit abhängig sei. Heute ist uns bewusst, dass nur das Gegenteil der Fall sein kann: Menschen lernen erst sprechen und dann schreiben. Auch gibt es z. T. Entsprechungen zwischen Ontogenese und Phylogenese.

Doch wird auch gegenwärtig der geschriebenen Sprache häufig mehr Bedeutung beigemessen als der gesprochenen. Auch heute noch ist in Sprachgemeinschaften, welche über ein Schriftsystem verfügen, die Beherrschung der Schriftsprache eine unerläßliche Voraussetzung, um als Mitglied der gebildeten Schicht anerkannt zu sein und damit Zugang zu bestimmten gesellschaftlichen Privilegien der Führungsschicht zu erhalten.

Die beiden Vorurteile, welche sich in der Alexandrinischen Schule herausbildeten, sind demnach folgende:

1. Die Sprache der Älteren und der Gebildeten sei besser, reiner, schöner und korrekter als diejenige von Sprechern der Gegenwart.

2. Die geschriebene Sprache habe vor der gesprochenen Sprache existiert. Somit sei die gesprochene Sprache von der geschriebenen abgeleitet worden.

Diese beiden Fehlmeinungen werden später, im Zusammenhang mit den Ausführungen zur "Modernen Linguistik", noch näher zu erläutern sein.

Wie eingangs bereits erwähnt, ist der Begriff "Traditionelle Grammatik" eine Bezeichnung, welche den gesamten Bereich der antiken Sprachforschung umfasst. Innerhalb dieser 'allgemeinen Grammatik' gab es jedoch auch schon im klassischen Altertum eine so genannte 'spezielle Grammatik'. Dieser Begriff deckt sich in etwa mit unserem heutigen umgangssprachlichen Grammatikbegriff, etwa der Schulgrammatik.

Im Folgenden sei auf die griechische Sprachwissenschaft insoweit eingegangen, als ein kurzer Überblick über die spezielle griechische Grammatik in ihrer Entwicklung jener Zeit gegeben wird.

Dabei dürfte interessant sein, dass die Sprachforscher der Antike insgesamt sechs Jahrhunderte brauchten, und zwar vom 4. Jahrhundert v. u. Z. bis zum 2. Jahrhundert n. u. Z., um ein Kategoriensystem herauszubilden, welches in Ansätzen dem entspricht, was wir heute unter der Grammatik einer Sprache verstehen.

Etwa im 5. Jahrhundert v. u. Z. soll *Protagoras,* einer der einflussreichsten Sophisten, erstmals eine Klassifizierung der Genera: Femininum und Maskulinum vorgenommen haben. Des weiteren wird angenommen, dass *Plato* im 4. Jahrhundert v. u. Z. als erster zwischen Nomina und Verba unterschied, dass diese Wortklassen sich jedoch nicht mit den von uns heute verwendeten decken.

Vielmehr bezeichnete der Begriff 'Nomina' jeweils das, was heute in der Funktion als 'Subjekt' eines Satzes verstanden wird und die Kategorie 'Verb' das, was dem heutigen Begriff 'Prädikat' in etwa entspricht.

In der Generativen Transformationsgrammatik, einer der bekanntesten Grammatiktheorien des 20. Jahrhunderts, wird ähnlich verfahren, indem Sätze in "Nominalphrasen" und "Verbalphrasen" unterteilt werden.

Während als 'Nomina' jeweils das Subjekt einer Aussage galt, nämlich der Gegenstand, worüber etwas gesagt wird, bezeichnete der Begriff 'Verb' die im Zusammenhang mit dem Gegenstand ausgeführten Handlungen oder Eigenschaften. Die damalige Klassifizierung war also weit davon entfernt, den Begriff 'Verb' etwa im Sinne unserer Schulgrammatiken in der Funktion eines 'Tätigkeitswortes' zu verwenden.

Die Definitionen dieser grammatischen Kategorien entstammten der Logik, und zwar ging man von der Aufgliederung eines logischen Urteils aus. Verben und Adjektive waren damals in einer Klasse zusammengefasst. Später gaben andere griechische Grammatiktheoretiker die Klassifikation *Platos* auf, ersetzten sie aber keineswegs durch die uns bekannte Dreiteilung in Nomen, Verb und Adjektiv, sondern vielmehr durch ein anderes Zweiersystem, in dem sie das, was wir heute unter Nomen und Adjektiv verstehen, in einer Klasse zusammenfassten.

Denjenigen Wörtern, welche nicht zu diesen Halbklassen zählten, widmete man kaum irgendwelche Aufmerksamkeit. Die Dreiteilung in Nomina, Verben und Adjektive erfolgte erst im Mittelalter.

Später als *Plato* 'entdeckte' *Aristoteles* eine neue Wortklasse, die Konjunktionen. Die übrige Zweiteilung in Nomen und Verb übernahm *Aristoteles* von *Plato*. Unter die Klasse der Konjunktionen subsumierte *Aristoteles* jedoch nicht das, was wir heute unter Konjunktionen verstehen, sondern vielmehr alle Wörter, die sich nicht der Kategorie Nomen oder Verb zuordnen ließen. Die Genusklassifikation übernahm *Aristoteles* von *Protagoras*.

Dabei erkannte er, dass es viele Dinge gibt, die sich weder der femininen noch der maskulinen Kategorie zuordnen lassen. Er benannte diese Kategorie daher als "weder – noch", woraus später in der lateinischen Übersetzung schließlich der Terminus 'Neutrum' entstand.

Als weiteres Verdienst wird *Aristoteles* die Festlegung der Tempuskategorien zugeschrieben. *Aristoteles* soll nämlich erkannt haben, dass es Verbformen gibt, die sich je nach der Zeitzuordnung verändern, dass es

z. B. Verben gibt, deren Endungen Vergangenheit anzeigen.

Ungeachtet dieser Fortschritte und Bemühungen des *Aristoteles* blieben grammatische Analysen immer noch sehr vage, unklar und unvollkommen, obwohl sie bereits deutlicher und ausgeprägter waren als die grammatischen Lehren *Platos*.

Unter allen philosophischen Schulen Griechenlands haben sich die Stoiker am intensivsten mit Fragen der Klassifikation sprachlicher Elemente auseinandergesetzt. Die meisten von ihnen waren Anomalisten. Für sie stand der unlogische Aspekt von Sprache im Vordergrund. Gleichwohl unterschieden die ersten Vertreter der stoischen Schule bereits vier Redeteile: Nomen, Verben, Konjunktionen und Artikel.

Später wurden die Nomina noch einmal in Appellativa und Eigennamen unterteilt. Die Adjektive wurden den Nomina zugerechnet. Die Stoiker haben auch die Entwicklung des Flexionssystems weitergeführt
So entstand das heute in zahlreichen indogermanischen Sprachen gebräuchliche Deklinations- und Konjugationssystem.
Schließlich wurden derzeit auch die Grundlagen für eine Kasusgrammatik gelegt. Darüber hinaus erkannte man, dass das Verb nicht nur einfachen Tempuskategorien zuzuordnen ist, sondern dass auch zwischen vollendeten und unvollendeten Handlungen und somit auch zwischen vollendeten und unvollendeten Verben zu unterscheiden ist. Auch wurde erstmals zwischen Aktiv

und Passiv sowie zwischen transitiven und intransitiven Verben unterschieden.

Die Forscher der Alexandrinischen Schule, welche, wie bereits erwähnt, vorwiegend Analogisten waren, bemühten sich darum, die stoische Grammatiklehre weiter auszubauen. Da sie als Analogisten vorwiegend von der Regelhaftigkeit der Sprache ausgingen, galten ihre Bemühungen auch vorwiegend der weiteren Ausarbeitung eines Flexionskanons.

Im 1.–2. Jahrhundert v. u. Z. entstand die erste umfassende und systematische Grammatik des Abendlandes. Sie wird *Dionysius Thrax* (170–90 v. u. Z.) zugeschrieben.
Die von den Stoikern festgelegten Redeteile, also Nomen, Verb, Konjunktion und Artikel, ergänzte *Dionysius Thrax* durch die Kategorien Adverb und Partizip. Weiter führte er die Kategorien der Personalia und der Präpositionen ein. Von ihm wurde schließlich die griechische Sprache nach Kasus, Genus, Numerus, Tempus und Modus analysiert und damit die Festlegung des heute noch gültigen Flexionssystems in etwa abgeschlossen.

Diese Beschäftigung mit der Entwicklung eines Flexionssystems durch griechische Philosophen geschah nach unserem heutigen Wissen vorwiegend unter morphologischem Aspekt. Syntaktische Analysen, etwa nach unserem heutigen Verständnis von der Art und Weise der Verbindung von Wörtern zu Satzteilen und Sätzen, gab es derzeit noch nicht.

Diesen Teil der Grammatik untersuchten später römische Gelehrte. Erst etwa 300 Jahre später wurde die erste systematische Syntax von *Apollonius Dyscolus* aus Alexandrien (2. Jahrhundert n. u. Z.) entwickelt.

Da von den Römern bereitwillig das gesamte griechische Kulturgut aufgegriffen wurde, sind im morphologischen Bereich der römischen Sprachwissenschaft kaum Fortschritte und Veränderungen zu verzeichnen. Die grammatischen Forschungsergebnisse der Griechen wurden lediglich auf die lateinische Sprache übertragen. So läßt sich auch der griechische Einfluß sowohl der Stoiker als auch der Alexandrinischen Schule in den Schriften des römischen Grammatikers *Varro* im 1. Jahrhundert v. u. Z. nachweisen.

Wie in Griechenland, so war auch in Rom die Sprachwissenschaft ein Teil der Philosophie und enthielt als solche Teildisziplinen wie Literaturwissenschaft, Grammatik und Rhetorik.

Die Kontroverse zwischen Analogisten und Anomalisten bestand weiterhin. Auch unter Laien war es Mode, darüber zu diskutieren.

So verfasste z. B. *Cäsar* während seiner kriegerischen Feldzüge in Gallien eine grammatische Schrift über die Analogie, die er später *Cicero* widmete.

Der Aufbau der lateinischen Grammatik im engeren Sinne vollzog sich daher nach dem Vorbild der griechischen Grammatiken. Die lateinische Grammatik war, wie diejenige des *Dionysius Thrax*, in drei Kapitel unterteilt:

Das erste Kapitel enthielt Ausführungen über die Funktion bzw. das Ziel der Grammatik, Darstellungen über Grammatik als Kunst, richtig zu sprechen und zu schreiben und die Dichter zu verstehen. Gleichzeitig wurden darin Kenntnisse über Buchstaben und Silben vermittelt.

Das zweite Kapitel trug die Überschrift "Teile der Rede" und enthielt sämtliche Klassifikationen bzw. grammatische Kategorien: Genus, Numerus, Kasus, Tempus und Modus.

Das dritte Kapitel enthielt Ausführungen über den guten bzw. schlechten Stil, Anweisungen zur Vermeidung von Fehlern und sog. Barbarismen sowie Beispiele für Redefiguren, welche als empfehlenswert galten.

Veränderungen wurden in diesen Grammatiken nur dort vorgenommen, wo es die Andersartigkeit der lateinischen Sprache gegenüber der griechischen verlangte.

Da jedoch die lateinische Sprache in ihrem Aufbau der griechischen sehr ähnlich ist, entstand die Meinung, dass die von den griechischen Sprachforschern erarbeiteten Klassifikationen für alle Sprachen Gültigkeit besäßen und daher von universeller Natur seien.

In der späteren lateinischen Periode, etwa im 4. und 5. Jahrhundert n. u. Z., entstand ein Klassizismus mit den ähnlichen Trugschlüssen der Einstellung zur Sprache, wie sie bereits in der alexandrinischen Zeit vorzufinden sind. Nur ging es hier nicht um die Renaissance der *Homerschen* Epen, sondern um die Neubesinnung auf die Schriften der römischen Klassiker, z. B. auf Werke von *Cicero* und *Vergil*.

Die bedeutendsten Grammatiken dieser Zeit wurden von den Gelehrten *Donatus* und *Priscian* (4.–5. Jahrhundert n. u. Z.) verfasst.

Sie dienten als Schulgrammatiken und erlangten auch später im Mittelalter bis hin zur Aufklärung Gültigkeit für viele europäische Länder, wie z. B. für Frankreich, England, Deutschland und Italien.

So ist auch die Tatsache zu erklären, dass die im Zusammenhang mit den theoretischen Ansätzen der Griechen entstandenen Fehlmeinungen und Vorurteile über Sprache bis in unsere Zeit hinein tradiert wurden und auch heute noch den Grammatikunterricht an unseren Schulen nicht unwesentlich beeinflussen.

Dass sich die mittelalterlichen Gelehrten vor allem auf die Grammatiken des *Donatus* und *Priscian* stützten, lässt sich insbesondere dadurch erklären, dass Latein im Mittelalter die Sprache der Gebildeten war und dass gesellschaftliche Privilegien sowohl geistlicher als auch weltlicher Art ohne gute Lateinkenntnisse undenkbar waren. Latein wurde nicht nur vom Klerus gesprochen, sondern in allen Bereichen von Wissenschaft, Kunst, Handel und Diplomatie verwendet. Deshalb entstanden in jener Zeit auch sehr viele Lehrbücher über die lateinische Sprache.

Die Fortschritte der Sprachwissenschaft des Mittelalters beruhten weniger in der Erweiterung der Methoden zur Sprachbeschreibung als vielmehr in der Veränderung der philosophischen Grundlagen.

Wie im klassischen Altertum, so bestand auch im Mittelalter die Philosophie als Universaldisziplin aus den Teildisziplinen Logik, Epistemologie, Metaphysik und Grammatik.

In der Scholastik, der bekanntesten philosophischen Schule des Mittelalters, wurde versucht, diese vier Teildisziplinen auf die gleichen Grundprinzipien zurückzuführen bzw. von ihnen abzuleiten.

Eine Kritik an den Grammatiken des *Donatus* und *Priscian* bezog sich daher nicht auf die Art der Analyse von sprachlichen Phänomenen als vielmehr darauf, dass in diesen Grammatiken die Aussagen nicht 'wissenschaftlich', d. h. im Sinne der mittelalterlichen Metaphysik und Logik, erklärt wurden. Die Scholastiker sahen es als ihre Aufgabe an, eine "wissenschaftliche" oder "spekulative" Grammatik zu entwickeln.

Der Begriff 'spekulativ' ist nicht in der heute von uns gebräuchlichen Bedeutung, etwa im Sinne von 'Mutmaßung' oder 'spekulieren', zu verstehen, sondern vielmehr im Sinne von 'Widerspiegelung'. Der Begriff 'spekulativ' ist eine Ableitung vom lateinischen 'speculum', welches in diesem Kontext mit 'Spiegelbild' übersetzt werden kann.

Man kann also davon ausgehen, dass die Scholastiker erstmals Ansätze einer Widerspiegelungstheorie entwickelten. Und zwar ging es den Vertretern der spekulativen Grammatik darum, Grundlagen oder Prinzipien zu entdecken, welche etwas über die Beziehung des Wortes als sprachliches Symbol oder Zeichen mit dem Intellekt bzw. dem Denken des Menschen und dem Ding oder Gegenstand oder Sachverhalt, welcher durch das Zeichen benannt wird, aussagen.

Da mittels Sprache 'wahre' Erkenntnisse vermittelt werden sollten, mussten diese Prinzipien 'wahr' und 'richtig' sein, d. h. sie mussten der 'Wirklichkeit' entsprechen und für alle Sprachen und alle menschlichen Denksysteme anwendbar, also allgemeingültig sein.

Dass diese Hypothese der Scholastik später falsifiziert wurde, ändert nichts an dem Verdienst der Sprachforscher des Mittelalters, erstmals über die Beziehung von Sprache-Denken-Wirklichkeit reflektiert zu haben.

In der mittelalterlichen spekulativen Grammatik sind daher erstmals Bemühungen zu finden, nicht nur morphologische und syntaktische Analysen, sondern auch semantische Faktoren bei der Beschreibung von Sprache zu berücksichtigen.

In der mittelalterlichen Widerspiegelungstheorie sind erste Ansätze einer Theorie der Bedeutung und somit erste Anfänge einer Semantiktheorie zu sehen. Während in der frühen Sprachforschung Griechenlands die Vertreter der etymologischen Konzeption davon ausgingen, dass sprachliche Symbole direkt mit der auf sie zu beziehenden Wirklichkeit in Verbindung stehen, erkannten die Gelehrten der Scholastik, dass ein Wort nicht direkt das Wesen eines Gegenstandes bezeichnet, sondern es in einer ganz bestimmten Art und Weise widerspiegelt bzw. repräsentiert. Und zwar besteht die Art und Weise dieser Widerspiegelung von Wirklichkeit darin, dass Aussagen zur Substanz oder Handlung oder Eigenschaft eines Gegenstandes oder einer Handlung gemacht werden. Dies geschieht nach Ansicht der Scholastiker durch eine ganz bestimmte Form, in der innerhalb der Rede Sachverhalte oder Dinge bezeichnet bzw. wiedergegeben werden.

John Lyons bezeichnet die Grammatik in der Scholastik als:

eine philosophische Theorie der Redeteile und der ihnen eigenen Art des Bedeutens. (1972:15)

Das für die mittelalterliche Sprachforschung charakteristische Postulat der Universalität grammatischer Kategorien fasst *Lyons* in folgender These zusammen:

Alle Sprachen haben Wörter für dieselben Begriffe, und alle Sprachen weisen dieselben Teile der Rede und andere allgemeine grammatische Kategorien auf. (1972:16)

In anderen Ausführungen zur Geschichte der Sprachwissenschaft könnte deutlich werden, dass diese These von Gelehrten späterer Epochen widerlegt wurde.

Das sich in der Renaissance durch Reisen und Entdeckungen verändernde Weltbild der Menschen Europas und die Erweiterung der technischen Möglichkeiten des Buchdrucks waren Ereignisse von großem Einfluss auf die Sprachforschung jener Zeit.
Die Verbesserung des Buchdrucks Ende des 15. Jahrhunderts ermöglichte nicht nur eine originalgetreue Wiedergabe, sondern auch ein unvergleichbar größeres Ausmaß der Vervielfältigung von Texten und damit eine größere Verbreitung von Schriften, als dies jemals zuvor möglich gewesen war. (Laien behaupten häufig, in jener Zeit sei der Buchdruck 'erfunden' worden. Dies gelang bereits den Chinesen lange Zeit zuvor. Vielmehr ging es hier um die Herstellung beweglicher Lettern.)
Vor dieser Neuerung war der Zugang zum Schriftsystem ein Privileg, welches nur einer sehr kleinen Minderheit zuteil wurde.

1513 gab *Erasmus* eine lateinische Syntax heraus, welche auf jene von *Donatus* und *Priscian* aufbaute. Doch durch die markanten Veränderungen des Denkens jener Zeit hatten die Gelehrten von sich den Eindruck, als brächen sie grundlegend mit der Tradition der Scholastik. Bereits *Petrarca* (1304–1374) und andere Gelehrte des 14. Jahrhunderts hatten über die ihrer Meinung nach barbarischen lateinischen Texte der Scholastik gespottet und den Sprachgebrauch *Ciceros* (106–43 v. u. Z.) und *Vergils* (70–19 v. u. Z.) als vorbildlich erklärt.

Auch wurde intensiv das Studium alter Sprachen, vor allem des Griechischen und Hebräischen, gepflegt, so dass die Gelehrten der Renaissance, welche sich als Humanisten bezeichneten, nachfolgenden Generationen die Literatur und die Sprache von drei verschiedenen Kulturen überliefern konnten.

Darüber hinaus postulierten sie das Ideal des Humanismus, wobei sie unter 'Humanismus' so etwas wie 'Kultur' bzw. 'Zivilisation' verstanden, ein Begriff, den sie von *Cicero* übernommen hatten.

Ähnlich wie sich die Vertreter der Alexandrinischen Schule und die spätrömischen Gelehrten um die Wiederherstellung der Originaltexte berühmter Autoren der Vergangenheit bemühten, erklärten auch die Gelehrten der Renaissance die Sprache der so genannten besten Autoren, etwa solcher Berühmtheiten wie *Dante*, *Milton* oder *Racine*, als vorbildlich und nachahmenswert.

Ungeachtet dieser klassizistischen Tendenzen entsteht in dieser Zeit erstmals ein Interesse an den Vulgärsprachen.

Um 1304 hatte *Dante* (1265–1321) ein Lehrbuch der Poetik vom Ursprung und Wesen der Sprache unter dem Titel "De vulgari eloquentia" ("Über die Volkssprache") verfasst. Daran erinnerte man sich nun lebhaft, ebenso wie an Grammatiken nicht lateinischer Sprachen, etwa einer irischen Grammatik aus dem 7. Jahrhundert, einer isländischen Grammatik aus dem 12. Jahrhundert oder einem Vergleich des Anglosächsischen mit dem Lateinischen aus dem 10. Jahrhundert. Obwohl in der Renaissance die Vulgärsprachen immer mehr an Bedeutung gewannen und das Primat des Lateinischen zum Teil aufgegeben wurde, blieb die traditionelle Auffassung, wonach Grammatik die 'Kunst des richtigen Sprechens und Schreibens' sei, erhalten. Was als korrekter Sprachgebrauch zu gelten hatte, bestimmte die gebildete Schicht.

Waren die Sprachforscher ehedem bemüht, zu lehren, was 'reines' Latein sei, so bemühten sie sich nunmehr, nach der Renaissance, etwa zur Zeit des Barock, also Ende des 16. und während des 17. Jahrhunderts, festzustellen, was als 'reines' Französisch zu gelten habe.

Wie in der Alexandrinischen Schule, so war es auch das Bestreben der Gelehrten jener Zeit, die Sprache der Gebildeten vor der Durchdringung mit der Umgangssprache des Volkes zu bewahren. Das bedeutete: Eliminierung von Begriffen, welche aus den Bedürfnissen von Alltagskommunikation, also durch Sprachwandel, entstanden waren.

Hinsichtlich der Entscheidungen darüber, was als gute und richtige Standardsprache zu gelten habe, wurde behauptet, diese seien nicht etwa willkürlich, sondern von der 'natürlichen' Konstitution des menschlichen Geistes, d. h. vom Verstand, ableitbar und daher notwendig logischer Natur.

Besonders seit der Gründung der Académie Française (1635) durch *Richelieu* bestanden Bemühungen dahingehend, sowohl bezüglich des Wortschatzes als auch hinsichtlich der Grammatik, den Sprachgebrauch auf autoritäre Weise normativ festzulegen.

In der Schule von Port-Royal wurde 1660 eine Grammatik unter dem Namen "Grammaire générale et raisonnée" veröffentlicht.
Mit dieser Schrift sollte der Beweis erbracht werden, dass die Struktur der Sprache ein notwendiges Ergebnis der menschlichen Vernunft sei, und dass die verschiedenen Sprachen auf der Erde nichts anderes als Variationen eines allgemeinen logischen vernünftigen Systems darstellten.
Diese Grammatik wird als Erneuerung der mittelalterlichen "spekulativen Grammatik" "rationale Grammatik" genannt.

Mit Ausnahme dieses Postulats sprengten die Grammatiker jener Epoche nicht den Rahmen der klassischen Tradition. Vielmehr wurde in Ablösung des Lateinischen das Primat des Französischen als Ausdruck der sich verlagernden machtpolitischen Verhältnisse in Europa durchgesetzt. Sprachforschung war also zugleich Sprachpolitik.

Daher haben die grammatischen Werke des Barock, insbesondere der französischen Schule, einen nachhaltigen Einfluss auf spätere Epochen, besonders auch auf die ihr folgende Aufklärung, ausgeübt.

Auf die sprachpolitische Bedeutung von Sprachforschung hat vor allem der deutsche Universalgelehrte *Gottfried Wilhelm Leibniz* (1646–1716) wiederholt mit Nachdruck hingewiesen. Er äußerte sich besonders kritisch hinsichtlich des gesellschaftlichen Primats des Französischen im Deutschland des 17. und 18. Jahrhunderts.

Leibniz erkannte damit die identitätsstiftende Funktion der Nationalsprachen. (Vgl. dazu *Weber* 2001)

Aus sprachphilosophischer Sicht weist *Hans Poser* darauf hin, dass *Leibniz*

nicht nur Theoretiker der formalen Sprache ist, sondern die natürlichen Sprachen in ihrer Vielfalt und Flexibilität für ein unverzichtbares Instrumentarium menschlichen Denkens und Erkennens hält. (1999: 900)

Bereits ein Jahrhundert zuvor weist *Max Müller* auf die Bedeutung der Sprachforschung von *Leibniz* bezüglich der Einordnung natürlicher Sprachen hin. *Müller* führt aus, *Leibniz* sei der erste Sprachforscher gewesen, der das Vorurteil, Hebräisch sei die Ursprache der Menschheit gewesen, überwunden habe.

Als Beleg zitiert *Müller Leibniz*:

"Man hat ebensoviel Grund ... anzunehmen, dass das Hebräische die Ursprache des Menschengeschlechts gewesen ist, wie der Ansicht des Gropius zu folgen, der 1580 ein Werk in Antwerpen veröffentlichte, um zu beweisen, dass im Paradiese holländisch gesprochen wäre." (1892: 141)

Wurde bisher fast ausschließlich auf europäische Ansätze der historischen Entwicklung linguistischen Denkens aus mehr als 2000 Jahren eingegangen, so soll dies nicht darüber hinweg täuschen, dass in anderen Ländern, vornehmlich der arabischen und asiatischen Welt, Gelehrte verschiedener Sprachen und Kulturen über Sprache reflektierten.

Auf die Bedeutung der indischen Sprachwissenschaft wurde bereits zu Beginn dieses Kapitels verwiesen.

Doch es gibt zahlreiche andere Beispiele.

Herbert Ernst Brekle (1985) widmet in seinem Buch "Einführung in die Geschichte der Sprachwissenschaft" u. a. den islamischen Schulen im Bagdad des 9.–11. Jahrhunderts eine größere Aufmerksamkeit.

Im Kontext dieses Buches kann leider auf diese und andere zugleich wesentliche und interessante Zusammenhänge nicht eingegangen werden. Daher sei auf die weitergehende Fachliteratur verwiesen.

Insgesamt fasst *Lyons* die Bedeutung der sprachwissenschaftlichen Entwicklung in der geschichtlichen Periode von den griechischen Anfängen bis zum Ende des Barock, d. h. zu Beginn der Aufklärung, also von einem Zeitraum von über 2000 Jahren, folgendermaßen zusammen:

Die wahren Nachfolger der klassischen und scholastischen Grammatiker sind nicht jene, die danach trachten, den gesamten Rahmen der klassischen Grammatik unverändert zu erhalten, sondern vielmehr diejenigen, die vorurteilsfrei und kritisch Aufgabe und Wesen der Sprache im Rahmen der wissenschaftlichen Denkweise unserer Zeit und mit Hilfe des umfangreicheren Wissens über Sprachen und Kulturen, das uns heute zu Gebote steht, untersuchen... Viele der von den klassischen Grammatikern gewonnenen Erkenntnisse über den Aufbau der Sprache sind wertvoll und aufschlußreich, bedürfen jedoch der Neuformulierung unter allgemeineren Vorzeichen, wobei die Empirie stärker berücksichtigt werden muß. (1972: 18 f)

Diese erste große Periode der Geschichte der Sprachwissenschaft, von *Hans Arens* grob mit dem Namen "Traditionelle Grammatik" umschrieben, erstreckt sich also von den Anfängen der griechischen Philosophie bis zur Aufklärung.

Zusammenfassend lassen sich innerhalb dieser historischen Epoche der Sprachwissenschaft folgende Schwerpunkte der Sprachforschung formulieren:

1. Das Problem der Klassifikation, ausgehend von der Streitfrage der Entstehung von Sprache durch Natur oder Konvention.

2. Die Kontroverse zwischen Sprachnorm und Sprachgebrauch, ausgehend von der Frage nach der Regelhaftigkeit oder Regelwidrigkeit von Sprache.

3. Das Phänomen des klassischen Trugschlusses, bestehend aus den beiden Vorurteilen vom Primat der älteren Sprache sowie der Sprache der Gebildeten und

vom Primat der geschriebenen vor der gesprochenen Sprache.

4. Die Entwicklung eines Flexionssystems.

5. Die Entwicklung von Ansätzen einer Syntaxtheorie.

6. Die Entwicklung einer Widerspiegelungstheorie sowie die 'Entdeckung' der so genannten 'Volkssprache'.

7. Die Erkenntnis von der Möglichkeit der Verwendung von Sprache als Herrschaftsinstrument unter dem Deckmantel der 'Vernunft'.

Diese Schwerpunkte lassen sich durch die gesamte Geschichte der Sprachwissenschaft hindurch verfolgen.
 Sie sind nicht nur für die erste große Epoche der "Traditionellen Grammatik", sondern auch für die beiden im Folgenden beschriebenen Epochen der "Vergleichenden Philologien" und der "Linguistik im 20. Jahrhundert" von Bedeutung.

II

Sprachwissenschaft im Rahmen vergleichender Philologien

Von der Renaissance bis zur Aufklärung (ca. 14.–18. Jahrhundert) nahm immer mehr eine Unzufriedenheit mit jener Denkweise zu, die auf so genannte apriorische Erklärungen gründete, wie dies während der Antike und des Mittelalters der Fall war. 'Apriorisch' bedeutete, dass Forschungsergebnisse nur aus Vernunftgründen herleitbar waren, d. h. allein durch Denken gewonnen und unabhängig von der Erfahrung behauptet werden konnten.

Ein Denken, welches sich auf allgemeinverbindliche, universelle Prinzipien berief, wurde immer mehr abgelöst durch ein zunehmend historisches Denken.

Die daraus resultierenden Forschungsergebnisse wurden 'induktiv' gewonnen, d. h. von einzelnen, auf empirische Weise gemachten Erfahrungen zu verallgemeinernden Erkenntnissen hingeführt.

Diese Veränderung in der Geistesgeschichte war eine Folge des naturwissenschaftlichen Weltbildes jener Zeit, welches sich seit der Renaissance mehr und mehr gewandelt hatte.

Lyons fasst diese Veränderung folgendermaßen zusammen:

Man beobachtete, dass alle menschlichen Einrichtungen – Gesetze, Gebräuche, religiöse Übungen, wirtschaftliche und soziale Gruppen und Sprachen – einem unaufhörlichen Wandel unterlagen und man begnügte sich nicht mehr damit, ihren Stand in einem bestimmten Augenblick mit Hilfe abstrakter Prinzipien zu erklären; vielmehr bemühte man sich, einen bestimmten Zustand im Zusammenhang mit seiner Entwicklung aus einem früheren Zustand aufgrund von Anpassung an veränderte äußere Gegebenheiten zu sehen. Die providentielle "Geschichtstheorie" aus christlicher Tradition war immer mehr in Frage gestellt worden und wurde schließlich durch die evolutionären und säkularen Theorien menschlicher Entwicklung ersetzt. (1972: 23 f.)

Mit dieser Veränderung des naturwissenschaftlichen Weltbildes entwickelte sich die damit gleichzeitig einhergehende Einsicht, dass gesellschaftliche Prozesse dynamisch verlaufen und nicht auf statischen Prinzipien beruhen. Mit dieser Einsicht veränderte sich auch die Auffassung von Wissenschaft.

Während des 19. Jahrhunderts entstand eine völlig neue Einstellung zur Sprache; man versuchte, letztere wesentlich sorgfältiger zu analysieren, als das bisher geschehen war, indem man sich bemühte, Sprache objektiv zu untersuchen und anstelle apriorischer Schlüsse Hypothesen aufzustellen, mit deren Hilfe auf induktivem Wege sprachliche Phänomene erklärt werden konnten.

Diese neue Denkweise bewirkte, dass man sich vorwiegend an Fakten orientierte, eine Fülle von Einzelbeobachtungen machte und aufzeichnete.

So wurde den Sprachwissenschaftlern bewusst, dass sich nicht nur die gesellschaftlichen Verhältnisse im Laufe der Zeit ändern, sondern dass sich auch die Sprache in ihren Erscheinungsformen dementsprechend wandelt und verändert.

Bereits in der Renaissance war das Interesse an den zeitgenössischen europäischen Sprachen erwacht, und jetzt im 19. Jahrhundert unternahm man den Versuch, die einzelnen sprachlichen Erscheinungstypen miteinander zu vergleichen. Man stellte dabei fest, dass einzelne Sprachen einander mehr oder weniger ähnlich sind, und zwar sowohl hinsichtlich des Vokabulars als auch in Bezug auf die grammatischen Strukturen. Man erkannte z. B., dass die deutsche und die englische Sprache einander wesentlich ähnlicher sind als etwa die englische und die chinesische. Sprachen, welche sich auf Grund ihrer grammatischen Strukturen besonders ähnlich sind, fasste man zu Sprachfamilien zusammen. Es gibt z. B. die indogermanische Sprachfamilie, welcher die meisten europäischen und viele asiatische Sprachen angehören.

Eine andere Sprachfamilie ist das Semitische. Dazu gehören das Hebräische und das Arabische. Weitere Sprachfamilien sind das Finnougrische, wozu das Finnische, das Estnische und das Ungarische gehören, sowie z. B. die Bantusprachen in Afrika oder die Algonkinsprachen in Amerika. Sprachfamilien wurden wiederum in Subfamilien untergliedert.

Die indogermanische Sprachfamilie ist unterteilt in das Germanische, Slawische, Romanische, Griechische, Indoiranische, Keltische u.a..

Zum Germanischen wiederum gehören das Deutsche, das Englische, das Niederländische und das Schwedische; zum Slawischen das Russische, das Polnische und das Tschechische.

Zum Romanischen gehören vorwiegend die das Sprechlatein fortsetzenden Sprachen, z. B. das Französische, Italienische und Spanische.

Während die "Traditionelle Grammatik" vorwiegend an allgemeinen strukturellen Fragestellungen interessiert war, geht es im 19. Jahrhundert um ein Kategoriensystem, in das sich alle Sprachen einordnen lassen und welches der Sprachwissenschaft ermöglicht, Veränderungen der grammatischen Strukturen in den einzelnen Sprachen aufzuspüren und miteinander zu vergleichen. Der Sprachenvergleich ist also das Hauptanliegen dieser Epoche innerhalb der Geschichte der Linguistik.

Lyons fasst die Leistung der Sprachwissenschaftler dieser Epoche – der "Vergleichenden Philologie" also – folgendermaßen zusammen:

Die Ausarbeitung der Prinzipien und Methoden, auf deren Grundlage diese und andere Sprachfamilien zusammengestellt wurden, und was wichtiger ist, die Erstellung einer allgemeinen Theorie des Sprachwandels und der Sprachverwandtschaft, war die bedeutendste Leistung der Sprachwissenschaft im 19. Jh.. (1972: 22)

Obwohl das Interesse auf alle vorkommenden Sprachen und Sprachfamilien gelenkt war, wurde im Rahmen der historischen und komparativen Sprachforschung der indogermanischen Sprachfamilie und damit den verschiedenen indogermanischen Sprachen, die größere Aufmerksamkeit gewidmet. Dies war vor allem darin begründet, dass von einigen Sprachen der indogermanischen Sprachfamilie sehr alte Schriftzeugnisse erhalten geblieben waren, Texte, die zum Teil Jahrhunderte, ja sogar Jahrtausende alt sind.

Es wurde festgestellt, dass sich mehrere Sprachen häufig aus einer sehr alten Sprache entwickelt haben, und obwohl man sah, dass Verwandtschaftsverhältnisse einzelner Sprachen bereits aus der Beschreibung und dem Vergleich von gegenwärtig gesprochenen Sprachen aufgedeckt werden können, waren doch die geschriebenen Dokumente aus alter Zeit eine große Hilfe, die Verwandtschaftsverhältnisse eindeutiger zu erklären, da ja die einzelnen Sprachen sich im Laufe der Zeit sehr gewandelt hatten.

Es wäre jedoch grob vereinfacht, wenn man die Verwandtschaft von Sprachen aus ihrer Ähnlichkeit in Wortschatz und Grammatik herleiten würde. Darüber hinaus ist bekannt, dass Sprachen, welche in geographischer und kultureller Berührung miteinander existieren, gegenseitig Wörter entlehnen. Ein großer Teil der Ähnlichkeiten im Wortschatz verschiedener Sprachen kann also auf solche Lehnwörter zurückgeführt werden.

Z. B. gibt es in den modernen europäischen Sprachen viele Begriffe, die sich aus dem Lateinischen oder Griechischen ableiten lassen. Dazu gehören u. a. Bezeichnungen für neuzeitliche Erfindungen, z. B.: "Telefon", "Television", "Automobil", "Kino", "Zoo", "Ikone", u. a.. Solche Lehnwörter werden auch "Kulturwörter" genannt.

Doch beeinflusst nicht nur der Wortschatz einer Sprache eine andere eben durch solche Lehnwörter, sondern auch grammatische Erscheinungen verändern sich

durch den mit kulturellem und ökonomischem Austausch einhergehenden Kontakt verschiedener Sprachgemeinschaften.
Trägt man dieser Erscheinung Rechnung, berücksichtigt man das Entlehnen von Wörtern und strukturellen Merkmalen einer Sprache von einer anderen, so erweist sich der Begriff der "Ähnlichkeit" als viel zu vage. Er wurde deshalb auch zugunsten des Terminus der "systematischen Übereinstimmung" aufgegeben. Es war also eine der wichtigsten Aufgaben der Sprachforscher des 19. Jahrhunderts, Ähnlichkeiten und damit Verwandtschaften zwischen Sprachen zu entdecken, um auf diese Weise "systematische Übereinstimmungen" zu erforschen.

In der Nachfolge des Dänen *Rasmus Kristian Rask* (1787–1832) hat vor allem auch *Jacob Grimm* (1785–1863) verschiedene Sprachen vergleichend erforscht und dabei partielle systematische Übereinstimmungen zwischen Lauten einander entsprechender Wörter in verschiedenen Sprachen konstatiert.
Grimm wies auf folgende Erscheinungen in den germanischen Sprachen hin:

1. In den germanischen Sprachen steht oft ein "f" dort, wo andere indogermanische Sprachen, z. B. das Lateinische oder Griechische, ein "p" haben;

2. "p", wo andere ein "b";

3. "th", wo andere ein "t";

4. "t", wo andere ein "d" haben.

Gleichzeitig wurden ursprünglich aspirierte Konsonanten wie "bh", "dh" und "gh" häufig aspirationslos und wurden dann zu "b", "d" und "g", stimmhafte Konsonanten wie "b", "d" und "g" wurden stimmlos, nämlich zu "p", "t" und "k", und stimmlose Konsonanten wie "p", "t" und "k" wurden aspiriert, z. B. zu "f", th" und "h".

Beispiel: Das lateinische "pater" wurde im Englischen zu "father".

Solche Erscheinungen wurden als 'germanische Lautverschiebung' bezeichnet.

Grimm erklärte also die systematische Übereinstimmung in der Veränderung von Lauten durch eine Lautverschiebung, die im Laufe historischer Perioden stattgefunden hatte.

Dabei erkannte *Grimm*, dass es auch Ausnahmen gibt, welche sich durch solche Lautgesetze nicht erklären lassen.

Eine auf *Grimm* und seine Zeitgenossen folgende Forschergeneration, welche wegen ihrer 'revolutionären' Ansichten als "Junggrammatiker" bezeichnet wurde, vertrat im Gegensatz zu *Grimm* die Auffassung, dass diese Ausnahmen in Wirklichkeit keine Ausnahmen seien, sondern vielmehr Gesetzmäßigkeiten auf anderer Ebene.

Diese These wurde von *Wilhelm Scherer* (1841–1886) vertreten. 1875 veröffentlichte ein anderer bedeutender Sprachwissenschaftler jener Zeit, der Däne *Karl Verner* (1846-1896), einen Aufsatz, in dem er darlegte, dass bestimmte Ungesetzmäßigkeiten nur scheinbar Verstöße gegen die Lautgesetze darstellten, da sie vielmehr auf Grund von Veränderungen der Akzentpositionen entstanden seien.

Er entwickelte weitere Lautgesetze, welche unter dem Namen "Vernersches Gesetz" bekannt wurden.

Heute gilt die Meinung, dass die Gesetze der germanischen Lautverschiebung durch die Junggrammatiker und auch durch das "Vernersche Gesetz" nicht revidiert, sondern eher präzisiert wurden.

Zu jener Zeit dürfte dies den Gelehrten jedoch nicht so bewusst gewesen sein.

Die von den Sprachforschern etwa in der Zeit von 1820 bis 1870, also in einem Zeitraum von einem halben Jahrhundert, erarbeiteten Forschungsergebnisse waren für die damalige Zeit außerordentlich bedeutsam.

Auch in quantitativer Hinsicht wurde Beachtliches an Forschungsarbeit geleistet.

Viele der damals gemachten Entdeckungen und gewonnenen Erkenntnisse waren vor allem möglich durch den Einfluss bzw. durch die Erforschung des Sanskrit und damit durch die Kenntnisnahme der indischen Tradition innerhalb der Sprachforschung. So konnte auch das o. g. "Vernersche Gesetz", welches einige Lautverschiebungen durch Akzentänderungen erklärte, erst auf Grund eines Vergleichs einiger indogermanischer Sprachen mit dem Sanskrit formuliert werden.

Erst gegen Ende des 18. Jahrhunderts, im Zuge der britischen Kolonialisierung Indiens, hatte man entdeckt, dass das Sanskrit, die Hochsprache Indiens, mit unseren europäischen Sprachen, u.a. mit dem Lateinischen und dem Griechischen, verwandt ist.

Unabhängig voneinander machten zu jener Zeit mehrere Sprachwissenschaftler diese Entdeckung, u. a. der englische Orientalist *William Jones* (1746–1794), welcher 1786 folgende These formulierte:

> Sanskrit und Griechisch bzw. Latein haben eine größere Ähnlichkeit sowohl der Verbwurzeln als auch der grammatischen Formen ... als jemals der Zufall hervorgebracht haben kann. Die Ähnlichkeit ist in der Tat so groß, dass kein Philologe die Sprachen überhaupt untersuchen kann, ohne zu der Auffassung zu gelangen, dass sie aus einer gemeinsamen Quelle entstanden sind, die es vielleicht nicht mehr gibt. (*Lyons* 1972: 25)

Die kulturellen und politischen Beziehungen zwischen Griechenland und Rom sind bekannt. Doch es ist bisher kaum erklärbar, auf welchem Wege diese Ähnlichkeit zwischen dem indischen Sanskrit und den Sprachen der antiken europäischen Welt entstanden sein kann. Ungeachtet der fehlenden kulturellen und politischen Beziehungen hat die Sprachentwicklung des Sanskrit mit der griechischen Sprache viele Gemeinsamkeiten.

Auch in Indien gab es einen Streit über den 'natürlichen' bzw. 'konventionellen' Ursprung der Sprache.

Es wurde festgestellt, dass die Grammatik des Sanskrit der griechischen Grammatik im Bereich der Phonetik, also in der Lehre von den Lauten, und in der Erforschung der Struktur der Wörter weit überlegen war. Auch eine Klassifikation der Sprachlaute war wesentlich detaillierter und besser auf Beobachtungen und Experimente aufgebaut.

Somit hatte die Entdeckung des Sanskrit einen starken Einfluss auf die "Vergleichende Philologie", vor allem auf die Phonetik des 19. Jahrhunderts.

Die Sprachtheorie des Sanskrit zeichnete sich durch einen hohen Grad an Vollständigkeit, Geschlossenheit und Ökonomie aus.

1808 schrieb *Friedrich Schlegel* (1772–1829) ein Buch unter dem Titel: "Über die Sprache und Weisheit der Inder".

Die Entdeckungen über die Gesetzmäßigkeiten der Sprache und Abweichungen von denselben wurden bereits erwähnt. Darüber hinaus gibt es eine Tendenz, diese Abweichungen durch Regularitäten zu ersetzen. Eine solche Tendenz ist auch bei Kindern zu beobachten, indem u. a. Verbflexionen anders verwendet werden, als dies der Norm entspricht (wenn z. B. ein Kind statt "ging" "gehte" oder statt "flog" "fliegte" sagt).

Hier werden Gesetzmäßigkeiten auf Ausnahmen übertragen. Diese Tendenz zur Analogie, d. h. das Vermeiden von Ausnahmen zu Gunsten der Regelhaftigkeit von Sprache, meinten die Gelehrten jener Zeit so, wie sie bei Kindern vorkommt, auch bei erwachsenen Sprachbenutzern feststellen zu können. Sie glaubten nun, man müsse, ähnlich wie bei der Erziehung von Kindern, bei der Beobachtung solcher sprachlichen Erscheinungen seitens der Sprachwissenschaftler eingreifen und diese korrigieren. Dies sei notwendig, um Sprache vor der Veränderung zu bewahren, eine Veränderung, die man derzeit mit Verfall gleichsetzte.

Im Gegensatz zu der antiken Auffassung stellte man im 19. Jahrhundert jedoch fest, dass Analogiebildungen kein Zeichen sprachlichen Verfalls sind, sondern dass sie eine natürliche Tendenz innerhalb der Sprachverwendung darstellen und immer wieder vorkommen; dass es demnach eine Tendenz zur Aufrechterhaltung von sprachlichen Regularitäten gibt, welche bei allen Völkern und allen Sprachen zu beobachten ist.

Beim Studium der Schriften zur Sprachforschung dieser Epoche, der "Vergleichenden Philologie" also, wird deutlich, dass sich die Sprachforscher des 19. Jahrhunderts vor allem dem Problem der Sprachform zugewandt haben.
Sie haben nicht die Inhalte der sprachlichen Realisierung, sondern mehr die formalen Erscheinungsweisen, ihre Veränderungen und Ähnlichkeiten untersucht. Und sie haben sich, das ist nochmals hervorzuheben, an konkret beobachtbare Fakten gehalten und diese so exakt und vollständig wie möglich zu beschreiben versucht.

Häufig ist die Forschertätigkeit einer Epoche oder einer Generation auch als Kontroverse gegenüber der vorausgegangenen Epoche, vor allem ihrer Intentionen und einseitig gewordenen Betrachtungsweisen, zu verstehen.
Etwa seit *Jacob Grimm* (1785–1863) blickten Sprachforscher auf eine Tradition zurück, welche das Formproblem von Sprache kaum oder gar nicht berücksichtigte, sich vielmehr vorwiegend der Inhaltsseite von Sprache zugewandt hatte.
Diese vorausgegangene Epoche wird in der Literatur auch als "Romantik" bezeichnet.

Es seien hier einige Methoden und Aspekte dieser Richtung skizziert, um die Grundlagen aufzuzeigen, welche die Junggrammatiker vorfanden und auf welche sie aufzubauen hatten.

Waren *Grimm* und seine Nachfolger vorwiegend an der Form der Sprache interessiert, so beschäftigten sich seine Vorgänger, z. B. Humboldt oder Herder, vor allem mit der Inhaltsseite von Sprache.

Johann Gottfried von Herder (1744–1803) postuliert eine Beziehung zwischen einer Sprache und dem Nationalcharakter einer Sprachgemeinschaft.
Wilhelm von Humboldt (1767–1835) geht davon aus, dass Sprache Ausdruck einer bestimmten 'Weltsicht' sei.
Seiner Meinung nach bedeutet, eine Sprache zu erlernen, zugleich, verschiedene Anschauungen einer bestimmten Kultur zu übernehmen. Sprache ist für ihn vor allem Ausdruck einer ganz bestimmten geistigen Haltung. Daher prägte er den Begriff von der "inneren Sprachform".
Dabei ergibt sich jedoch das Problem der so genannten "Kulturwörter", da ja die Sprache einer Kultur durch eine bestimmte geographische Umgebung bereits eingefärbt oder beeinflusst ist, vor allem aber auch durch die Übernahme von Lehnwörtern durch Beziehungen mit Nachbarländern, die Handelskontakte pflegen.
Ein weiteres wesentliches Moment der Sprachauffassung *Humboldts* ist die Ansicht vom prozesshaften Charakter der Sprache. Sprache, so *Humboldt*, ist eher "Er-

zeugendes als Erzeugtes", ist eher "Energeia als Ergon".

Die Betonung des dynamischen, des prozesshaften Charakters von Sprache im Gegensatz zur Betrachtung des rein Statischen wird auch noch im Rahmen der „Modernen Linguistik" eine Rolle spielen, nämlich der Gedanke eines erzeugenden Prinzips, eines generativen Aspekts, welcher einem in den letzten Jahrzehnten besonders bekannt gewordenen Grammatikmodell, der "Generativen Transformationsgrammatik", zu Grunde liegt. Auf dieses Problem wird noch näher einzugehen sein.

Die starke Hinwendung zur Inhaltsseite von Sprache hat den Nachteil, dass sie die Gefahr der subjektiven Bewertung in sich birgt.

Allgemeine Interpretationen bezüglich der Weltsicht von Menschen und Menschengruppen, vor dem Hintergrund ihres jeweiligen 'Nationalcharakters' oder bestimmter kultureller Ausprägungen mittels Sprache, können insofern nicht allgemeingültig sein, als sie eben Interpretationen über die Repräsentation durch Sprache, d. h. durch konkrete sprachliche Äußerungen, durch Begriffsbildung, durch grammatische Strukturen und Modalitäten lautlicher Realisierung sind.

Die Folgegeneration beschäftigte sich daher mit dem Problem der mangelnden Nachprüfbarkeit. So sollte analog zur angestrebten Exaktheit der Naturwissenschaften auch in der Sprachwissenschaft von exakt beobachtbaren und objektiv beschreibbaren, allgemeingültigen Fakten der Sprachbeschreibung ausgegangen werden.

Diese Tendenz führte zu einer so genannten "positivistischen" Einstellung, welche stark unter dem Einfluss der biologischen Evolutionstheorie stand. An die Stelle der Auffassung von ideologischen Prägungen, etwa einer 'Vorsehung', tritt das Prinzip der Selektion.

Solche Selektionen stellen Standardversionen über bestimmte Sprachen dar. In Wirklichkeit muss ein Prozess sprachlicher Veränderung gesehen werden als die Ersetzung eines Systems von Analogien und Anomalien durch ein anderes.

Alle Sprachen ändern sich ständig.

Vom Standpunkt der gegenwärtigen Sprachwissenschaft aus sind auch die klassischen Sprachen wie das Griechische und das Latein nur Ergebnisse bzw. Stadien eines Entwicklungsprozesses.

Auch das Lateinische, Englische, Französische usw. sind lediglich Standardversionen, so etwas wie übergreifende Dialekte, die von gesellschaftspolitisch dominierenden Minderheiten dieser Länder ausgewählt und für gültig erklärt wurden. So entstand in den verschiedenen Nationalstaaten jeweils eine allgemeingültige Amtssprache.

Diese Einstellung führte während des 19. Jahrhunderts auch zur Erforschung regionaler Dialekte ein und desselben Landes. Nunmehr wurde akzeptiert, dass Dialekte keine verzerrten, unvollkommenen Versionen der literarischen Hochsprache, sondern gleichwertige Kommunikationsmittel sind.

Entsprechend erlangte im 19. Jahrhundert Dialektforschung erstmals besondere Bedeutung.

Die Gesetze, nach denen sich sprachliche Erscheinungsformen ständig verändern, sind für verschiedene Sprachen sehr ähnlich.

Immer entstehen Veränderungen einmal durch externe Ursachen, wie z. B. durch Entlehnung, zum anderen durch interne Faktoren strukturellen Drucks, z. B. Tendenzen, vermeintliche Anomalien entsprechend der allgemeinen Paradigmen einer Sprache zu regulieren, oder verbale Mittel dem jeweils veränderten Erkenntnisstand, etwa in der Technik, anzugleichen.

Auch das 'Ökonomieprinzip' kann als Ursache von Sprachwandel angesehen werden.

Während in der "Traditionellen Grammatik" die Analogie als konstrukturelles Prinzip der Regelhaftigkeit verstanden wurde, erhält in der "Vergleichenden Philologie" die Analogie eine entgegengesetzte Bewertung. Dort ist sie nämlich zugleich als Hinderungsfaktor für die sprachliche Entwicklung zu verstehen, da sie die Sprecher einer Sprache provoziert, Irregularitäten auszugleichen und insofern sprachliche Veränderungen einzuschränken.

Zusammenfassend kann als die wesentlichste Leistung dieser Epoche der "Vergleichenden Philologie" die Erkenntnis vom dynamischen Charakter der Sprache angesehen werden. Diese Leistung wurde erbracht im Rahmen eines Vergleichs vieler verschiedener Sprachen, der Beobachtung und Beschreibung von Gesetzen, nach denen sich Sprachen im Laufe der Zeit verändern, einander angleichen und voneinander entfernen.

Diese und andere Einsichten haben ein solides Fundament geschaffen für eine weitere Revision von Fehlmeinungen über Sprache, welche im Rahmen der "Modernen Linguistik" im 20. Jahrhundert geleistet werden konnte.

III

Linguistik im 20. Jahrhundert

Zu Beginn des 20. Jahrhunderts werden in der Sprachwissenschaft Forschungsinteressen im Wesentlichen von drei Thesen geprägt, welche eine Abgrenzung gegenüber den "Vergleichenden Philologien" darstellen:

1. Die Priorität der gesprochenen gegenüber der geschriebenen Sprache.
2. Die Auffassung, Linguistik sei eine 'deskriptive' und keine 'normative' Wissenschaft.
3. Die Priorität der 'synchronen' gegenüber der 'diachronen' Sprachbeschreibung.

Parallel zu diesen drei Aspekten wird die erste Hälfte des 20. Jahrhunderts von einer grundlegenden, aber sehr heterogenen Strömung beherrscht, welche mit dem Begriff 'Strukturalismus' belegt ist.

Dieser 'Strukturalismus' gelangt vor allem in drei großen Schulen zur Entfaltung. Diese Schulen enthalten in ihren Bezeichnungen implizit Hinweise auf ihre Forschungsinteressen:

1. Prager funktionale Linguistik
2. Kopenhagener Glossematik
3. Amerikanischer Deskriptivismus

Auf diese drei Schulen wird im Folgenden näher einzugehen sein.

Zunächst einige Überlegungen zu einer historischen Wende in der Sprachwissenschaft zu Beginn des 20. Jahrhunderts. Als Markierung eines Übergangs von den "Vergleichenden Philologien" zur "Linguistik im 20. Jahrhundert" werden die Schriften von *Ferdinand de Saussure* (1857–1913) angesehen.

Notizen über seine Vorlesungen wurden durch seine Studenten zusammengefasst und später, 1916, in dem Buch: "Cours de linguistique générale" veröffentlicht. Eine deutsche Übersetzung unter dem Titel: "Grundfragen der allgemeinen Sprachwissenschaft" erschien erstmals 1931.

In diesem Buch erfolgte eine Neudefinition des Sprachbegriffs durch den Hinweis auf die wechselseitige Bedingtheit:

- der Ausdrucks- und Inhaltsseite von Sprache,
- der individuellen und sozialen Seite,
- der Beziehung von System und Geschichte.

Saussure betonte vor allem die Gleichzeitigkeit dieser Aspekte.

Worauf beruhen nun die eigentlichen Veränderungen der Linguistik des 20. Jahrhunderts bzw. welches sind ihre wichtigsten Merkmale im Gegensatz zu früheren Epochen?

John Lyons (1972) und *Gerhard Helbig* (1973) verweisen unter Bezugnahme auf *Saussure* vor allem auf die bereits zuvor erwähnten veränderten Sichtweisen:

1. Die Priorität der gesprochenen vor der geschriebenen Sprache.
2. Das Postulat: Linguistik sei keine normative, sondern eine deskriptive Wissenschaft.
3. Die Priorität der synchronen gegenüber der diachronen Sprachbeschreibung.

Zu 1.: Die Priorität der gesprochenen vor der geschriebenen Sprache

Im Zusammenhang mit der "Traditionellen Grammatik" wurde bereits auf den 'klassischen Trugschluss' hingewiesen, eine Fehlmeinung dahingehend, dass geschriebene Sprache vor der gesprochenen existiert haben soll und dass die geschriebene Sprache vollkommener, richtiger und korrekter sei als der mündliche Sprachgebrauch.

Saussure weist eigens darauf hin, dass die Priorität der gesprochenen Sprache aufgrund der häufig vorkommenden traditionellen Fehlmeinung ausdrücklich betont werden müsse und dass der Verweis auf diese Priorität zugleich die These von einer älteren und weiteren Verbreitung der Rede im Gegensatz zur Schrift impliziere.

Man müsse von der Annahme ausgehen, dass Schriftsprache auf gesprochene Sprache zurückzuführen sei und nicht umgekehrt.

Darüber hinaus hätten sich Rede und Schrift im Laufe der Zeit als zwei voneinander verschiedene Systeme entwickelt.

Neben der Tatsache, dass Menschen zuerst Sprechen und danach erst Schreiben lernen, führt *Saussure* noch andere Argumente an, um Besonderheiten zwischen Mündlichkeit und Schriftlichkeit herauszuarbeiten. Dazu gehören auch die Phänomene von Homophonie und Homographie.

Wörter, die in der gesprochenen Form gleich sind, werden in der Schriftsprache unterschiedlich realisiert. Beispiel: "mehr" – "Meer"; also verschiedene Schreibung bei gleicher Lautung in der Aussprache. Bei solchen Erscheinungen handelt es sich um Homophone.

Desgleichen wird eine Andersartigkeit belegt durch den Gegensatz einiger Homographe. Dort bleibt die Schreibweise gleich, die Aussprache ist jedoch verändert.

Ein Beispiel ist die unterschiedliche Aussprache von "read" und "read" bei der Realisierung von Präsens und Präteritum im Englischen.

Darüber hinaus verweist Saussure noch auf andere Unterschiede. Es gibt bedeutungstragende Unterschiede durch Variation paralinguistischer Mittel, welche in der Schrift nur unvollkommen, etwa mittels Zeichensetzung, realisierbar sind, welche aber in der gesprochenen Sprache durch Unterschiede in der Intonation bedeutungstragend sein können (z. B. um<u>fah</u>ren statt <u>um</u>fahren).

Auch müssen in der Schriftsprache nonverbale Elemente, wie Gestik und Mimik, verbal expliziert werden. Darüber hinaus sind bestimmte grammatische Strukturen in der Umgangssprache eher unüblich, wie

z. B. das einfache Präteritum oder der Konjunktiv. Solche Formen sind bei der Erlernung der Schriftsprache gesondert einzuüben.

Wie in der grammatischen Struktur, so gibt es auch Unterschiede im Wortschatz. Einige Ausdrücke sind in der Schriftsprache verwendbar, in der Umgangssprache gelten sie jedoch als zu 'geschraubt'.

Eine völlige Unabhängigkeit der Schriftsprache von der gesprochenen Sprache, von welcher sie hergeleitet wird, läßt sich nur historisch begründen; z. B. im Lateinischen. Dort hat sich die Schriftsprache immer mehr verselbständigt. Dies erklärt auch das klassische Prinzip von der Priorität der geschriebenen Sprache im Mittelalter und in der Renaissance.

Die "Moderne Linguistik" geht davon aus, dass es keine wertende Gewichtung zwischen geschriebener und gesprochener Sprache gibt, sondern dass beide hinsichtlich ihrer Funktion beschrieben werden müssen und dass die gesprochene Sprache unter ganz bestimmten Voraussetzungen Vorteile gegenüber der geschriebenen Sprache hat und vice versa. Jedenfalls wird die Fehlmeinung von der Priorität der Schriftsprache an sich erkannt und revidiert.

Zu 2.: Linguistik ist keine normative, sondern eine deskriptive Wissenschaft

Diese These knüpft ebenfalls an einen klassischen Trugschluss der "Traditionellen Grammatik" an, dass nämlich die literarische Hochsprache korrekter und reiner als andere Formen geschriebener und gesprochener Sprache sei.

Wertungen können jedoch immer nur in Relation zu einem bestimmten Standard vorgenommen werden. Aufgabe der "Modernen Linguistik" ist es daher, zu beschreiben, wie Menschen tatsächlich sprechen, und nicht vorzuschreiben, wie sie zu sprechen haben. Fragen nach der Sprachnorm sind daher nicht auf der Grundlage der Wertung, sondern vielmehr vor dem Hintergrund der optimalen Verständigungsmöglichkeit zu diskutieren.

Es wurde bereits auf einige deskriptive Methoden in den "Vergleichenden Philologie" hingewiesen. Dass in der Linguistik des 20. Jahrhunderts gleichwohl dieser Aspekt betont werden muss, beruht darauf, dass in der Entwicklung der Sprachforschung immer wieder die Tendenz zur Normierung auftaucht. Deshalb wird in der "Modernen Linguistik" die Forderung erhoben, Sprachwandel als Realität zu akzeptieren.

Dazu *Lyons*:

Alle lebenden Sprachen sind ... ihrem Wesen nach leistungs- und entwicklungsfähige Kommunikationssysteme im Dienste der verschiedenen und vielfältigen sozialen Bedürfnisse der sie gebrauchenden Gemeinschaften. Mit der Änderung dieser Bedürfnisse neigt auch die Sprache zur Veränderung, um den neuen Voraussetzungen gerecht zu werden (1972: 44)

Bewertungen des Sprachwandels und der damit einhergehenden formalen Veränderungen einer Sprache dürfen allein unter – gesellschaftlich gesehen – funktionalem Aspekt vorgenommen werden und sind ansonsten illegitim. Literarische Hochsprache enthält zwar historisch gesehen ein reicheres Vokabular, da traditionelle Erfahrungen vergangener Gesellschaftsepochen stärker eingeflossen sind, jedoch ist dieses Phänomen als unabhängig von der gesellschaftlichen Funktion verbaler Realisierungen und ihrer Leistung im situativen Kontext zu betrachten.

Zu 3.: Die Priorität der synchronen gegenüber der diachronen Sprachbeschreibung

Von *Saussure* wurde auch die Unterscheidung zwischen 'Synchronie' und 'Diachronie' in die Sprachbeschreibung eingeführt.

Als 'diachron' bezeichnet man die Untersuchung einer Sprache aufgrund der Beschreibung ihrer historischen Entwicklung.

'Synchron' ist dagegen die Beschreibung eines Zustands von Sprache in einem bestimmten Zeitraum. Letztere wird jedoch nicht auf die Analyse einer modernen Sprache beschränkt, sondern ist auch für ältere Sprachen (Latein, Sanskrit u. a.) möglich, sofern eine Kontextbeschreibung gegeben werden kann.

Während im 19. Jahrhundert die diachrone Sprachbeschreibung im Vordergrund stand, erfolgt im 20. Jahrhundert eine Rückbesinnung auf die Notwendigkeit, sich auch den Aufgaben einer synchronen Sprachbeschreibung zuzuwenden. Dies geschieht durch die Erforschung und Formulierung systematischer Regeln, die zu einem gegebenen Zeitpunkt eine Sprache bestimmen.

Saussure sieht in der Priorität der synchronen Beschreibung das Schaffen von Voraussetzungen für eine sinnvolle diachrone Analyse.

Diese Betonung von der Notwendigkeit der Beschreibung von Sprache unter synchronem Aspekt führte im 20. Jahrhundert zum 'Strukturalismus', d. h. zu der Tendenz, Sprache als System von Beziehungen bzw. als Ansammlung untereinander in Beziehung stehender Elemente anzusehen. Daher ist davon auszugehen, dass jede Sprache zu jedem Zeitpunkt ein geschlossenes System solcher Relationen darstellt.

Deshalb versucht 'moderne' linguistische Forschung, dem tatsächlichen Sprachgebrauch gerecht zu werden. Ausgangspunkt und Kriterium für Annahme oder Verwerfung ist das empirische Material und nicht irgendeine normative Festsetzung auf Grund bestimmter Anschauungen.

Da *Saussure* von dem Soziologen *Emile Durkheim* (1858–1917) beeinflusst wurde, plädiert er für eine Entpsychologisierung der Linguistik. Er kommt zu dem Ergebnis, dass der soziale Aspekt keine Resultante aus dem Individuellen sei oder gar dem Psychischen, sondern vielmehr dessen Voraussetzung.

In diesem Zusammenhang entsteht eine Umkehrung des Verhältnisses zwischen Sprache und Sprechen:

Im Vergleich zu den Junggrammatikern wird allgemein postuliert, dass Sprache keine Resultante, sondern vielmehr die Voraussetzung des Sprechens ist.

In diesem und in anderen Punkten kommt es also in den Forschungsinteressen zu einer Akzentverschiebung.

Auch führt *Saussure* die Unterscheidung der Begriffe 'Sprache' und 'Sprechen' ein:

> Indem man die Sprache vom Sprechen scheidet, scheidet man zugleich das Soziale vom Individuellen, das Wesentliche... vom mehr oder weniger Zufälligen. (^{2}1967: 16)

Sprache wird erstmals in ihrer sozialen Funktion erkannt.

Der französischen Sprache entsprechend wurde die Unterscheidung zwischen Sprache und Sprechen von Saussure mit den Begriffen 'langue' und 'parole' bezeichnet.

Unter 'langue' versteht er das kodifizierte System einer Sprache, unter 'parole' dagegen das Sprechen, d. h. die Aktualisierung von Sprache. Während der Begriff 'Sprache' oder 'langue' das Potentielle, also das Mögliche meint, beinhaltet der Begriff 'Sprechen' oder 'parole', das Virtuelle, also das Wirkliche der tatsächlichen Äußerung:

Sprache	langue	potentiell	möglich
Sprechen	parole	faktisch	wirklich

Auf diesem Wege gelangt *Saussure* auch zur Unterscheidung zwischen den Begriffen 'Satz' und 'Äußerung'.

'Satz' ist die Einheit der 'langue', der Sprache also oder auch des Systems. 'Äußerung' dagegen ist 'parole', d. h. tatsächlich realisiertes Sprechen.

Später vollzieht *Noam Chomsky* eine ähnliche Unterscheidung, indem er die Begriffe 'Kompetenz' und 'Performanz' verwendet (englisch: competence versus performance).

Die Gedankengänge, welche *Saussure* in seiner Vorlesung explizierte, stellen das Gedankengut dar, welches zu Beginn des 20. Jahrhunderts von Sprachforschern als geltende Lehrmeinung akzeptiert wurde. Ausgehend von der Meinung, dass es nunmehr notwendig sei, vor allem den synchronen Aspekt der Sprachbetrachtung in den Vordergrund zu stellen, nachdem Sprachwissenschaftler des 19. Jahrhunderts sich fast ausschließlich auf die diachrone Sprachbeschreibung beschränkt hatten, wurde die Konzeption *Saussures* fortgesetzt und verwirklicht, indem Sprache vor allem als 'Struktur', als kohärentes 'System' verstanden wurde. So entstand die in Europa am weitesten verbreitete Strömung der synchronen Linguistik, welche unter dem Namen 'Strukturalismus' bekannt wurde.

Man darf hierbei nicht davon ausgehen, dass dies eine einheitliche Forschungsrichtung war. Vielmehr ist die Bezeichnung 'Strukturalismus' ein undifferenzierter Begriff für verschiedene Richtungen innerhalb der "Modernen Linguistik".

Die von *Helbig* (²1973) vorgenommene Einteilung gliedert den klassischen 'Strukturalismus' in drei große Schulen:

1. Prager funktionale Linguistik
2. Kopenhagener Glossematik
3. Amerikanischer Deskriptivismus

Innerhalb dieser großen Schulen gibt es zahlreiche Differenzierungen, besonders in den USA. Es ist daher besser, nicht von "Strukturalismus" generell, sondern vielmehr von "struktureller Linguistik" zu sprechen.

Allen Richtungen gemeinsam ist die von *Saussure* ausgehende Auffassung, dass Sprache als Beziehungssystem und zwar als immanente 'Struktur' verstanden werden müsse.

Während *Saussure* vorwiegend neue Aufgaben, Probleme und Sichtweisen entwickelte und darstellte, blieb es seinen Nachfolgern vorbehalten, an die Lösung dieser Probleme heranzugehen. Allen verschiedenen strukturalistischen Schulen gemeinsam war die Erforschung der Sprachstruktur innerhalb der Teilbereiche:

Phonologie, Grammatik und Semantik.

Die Erforschung der Sprachstruktur wurde also zum Hauptgegenstand der "Modernen Linguistik". Man ging davon aus, dass es notwendig sei, zunächst alle außersprachlichen Faktoren bei der Sprachbeschreibung auszuschalten.

Man wandte ich von jenen Denkweisen ab, die abwertend als 'Atomismus', 'Physiologisierung' und

'Psychologisierung' bezeichnet wurden. Dies, so war die Auffassung, seien Fehleinschätzungen der "Vergleichenden Philologien" gewesen.

Helbig beschreibt das Ziel der Sprachforschung dieser Epoche folgendermaßen:

> Die strukturellen Linguisten untersuchen das Verhältnis jedes sprachlichen Elements zur Gesamtheit der anderen Sprachelemente mit dem Ziel einer umfassenden Darstellung der Sprachstruktur. (^{2}1973: 48)

Dabei wird 'Struktur' nicht als Häufung von Fakten, sondern als kohärentes Ganzes verstanden, in welchem sich die einzelnen Teile in Abhängigkeit voneinander befinden. 'Struktur' bedeutet vielmehr die Organisiertheit von Elementen einer Menge, d. h. die Art und Weise ihrer Verknüpfung. Bei der Definition dieses Strukturbegriffs spielen zwei weitere Begriffe eine wesentliche Rolle: 'Funktion' und 'System'.

Unter 'Funktion' wird die Art und Weise des Zusammenwirkens der Elemente verstanden, unter 'System' das Vorhandensein von 'Struktur' und 'Funktion'.

Sprache, so wird postuliert, sei ein solches 'System'. Dieses Postulat ist als Grundhypothese der "strukturellen Linguistik" anzusehen.

Im Folgenden wird auf die oben erwähnten drei wichtigsten Schulen der strukturellen Linguistik näher einzugehen sein:

Zunächst auf die Prager Schule, dann auf die Kopenhagener Schule und zuletzt auf den Amerikanischen Deskriptivismus.

1. Die Prager Schule

Von der Prager Schule nahm die strukturelle Linguistik ihren Ausgang.

1926 entstand in Prag der „Cercle Linguistique de Prague". Mitglieder dieser Vereinigung waren vor allem *Havránek, Trnka, Skalicka* und als russische Kollegen *Trubetzkoy* und *Jakobson*.

1929 veröffentlichte *Trnka* Thesen über die Sprache als Ausdruckssystem unter funktionalem Aspekt. Er warnte dort vor einer zu scharfen Trennung zwischen synchroner und diachroner Sprachbeschreibung, wie sie seiner Meinung nach bei *Saussure* vorgenommen wird.

Diese Thesen hatten auch für die literarische Interpretation jener Zeit Bedeutung. Literaturwissenschaftler forderten, Dichtung 'werkimmanent' zu interpretieren, ein Gedanke, welcher vor dem traditionellen Hintergrund ihrer Hauptvertreter entstanden war.

Hier ist der Ursprung für Auswirkungen der Überbetonung sprachlich formalen Ausdrucks in der literarischen Kunst, wie er zunächst in den zwanziger Jahren und nach 1945 etwa bei *Emil Staiger*, *Wolfgang Kayser* u. a. vorzufinden ist.

Ihnen wurde vorgeworfen, sie hätten in ihrer literarischen Interpretation die gesellschaftlichen Bezüge von Literatur vernachlässigt.

Während des Zweiten Weltkrieges wurde die Arbeit an der Prager Schule unterbrochen und nach 1945 wieder fortgesetzt.

1957 wird *Trnka* abermals zum Wortführer einer Arbeitsgruppe unter dem Namen "Funktionale Linguistik". Hier bekräftigt er seine Thesen von 1929, nimmt aber zugleich Korrekturen alter Standpunkte vor.

Er verweist z. B. auf die Einseitigkeit der werkimmanenten Interpretation von Dichtung und betont, dass es erforderlich sei, die Wechselbeziehung zwischen Sprache und Gesellschaft zu berücksichtigen.

Seine nunmehr korrigierte Sprachauffassung lässt sich folgendermaßen zusammenfassen:

1. Die Beziehungen zwischen Elementen im System der Sprache sind wichtiges Forschungsobjekt der Linguistik.
2. Träger dieser Beziehungen fallen aus der Sprachbetrachtung heraus.
3. Als Korrelat der Sprache wird immer die außersprachliche Realität angesehen, ohne welche Sprache nicht denkbar ist.

Bezogen auf die Forschungsergebnisse der Nachkriegszeit fällt auf, dass sich die Prager Schule durch folgende Schwerpunkte von anderen strukturalistischen Schulen abgrenzen lässt:

1. Sie geht von konkretem Sprachmaterial aus.
2. Es wird keine strenge Trennung zwischen Diachronie und Synchronie vorgenommen.

3. Die Betrachtung von Sprache wird immer als Korrelat zur außersprachlichen Wirklichkeit gesehen. Sie ist daher funktionalistisch orientiert. Das System der Sprache ist nicht ohne Bezug auf bestimmte Funktionen, vor allem der kommunikativen Funktion, zu verstehen.

In anderen strukturalistischen Schulen, vergleichsweise in der Kopenhagener Glossematik, wurde gefragt, ob die Prager Schule überhaupt im strengen Sinne dem Strukturalismus zugeordnet werden könne, da sie der *Saussureschen* Forderung nach Trennung von 'langue' und 'parole', von Sprache und außersprachlicher Realität, von Synchronie und Diachronie kaum gerecht wird, vielmehr eine stärkere Traditionsbezogenheit aufweist, als mit dem Neubeginn seit *Saussure* angekündigt wird.

Man muss davon ausgehen, dass sich – wie in jeder Forschungsrichtung, so auch in der Prager Schule – eine Entwicklung des Denkens vollzog, welche im Laufe der Zeit zur Veränderung von Standpunkten führte. So kommt es denn auch in der zweiten Phase zur Neuformulierung des Funktionsbegriffs. 'Funktion' ist nun nicht mehr das Zusammenwirken der Einzelelemente in einem kohärenten System, vielmehr erhält der Begriff 'Funktion' eine Bedeutung im Sinne von 'Informationswert'. Der Funktionsbegriff der Prager Schule schließt daher den Begriff der 'Bedeutung' mit ein und zwar der 'Bedeutung' im Sinne von 'meaning', welches weder rein semantisch noch funktionalistisch zu interpretieren ist, so dass es sich hier in Wirklichkeit um einen ziemlich vagen Bedeutungsbegriff handelt.

Auch gelangt man insgesamt zu einer allgemeineren Formulierung des Strukturalismusbegriffs im Vergleich zu den übrigen Schulen.

In diesem Zusammenhang zitiert *Helbig Trnka* :

"Der Strukturalismus ist ... eine Richtung, die die sprachliche Realität als Realisierung eines Systems von Zeichen betrachtet, die für ein bestimmtes Kollektiv verbindlich ist und von spezifischen Gesetzen beherrscht wird. Unter dem Zeichen versteht die Prager Schule ein sprachliches Korrelat zur außersprachlichen Wirklichkeit, ohne die es keinen Sinn und keine Existenzberechtigung hat." (^{2}1973: 52)

Der Strukturalismusbegriff wurde deshalb so allgemein und vage definiert, weil die Prager Schule nicht von einer gemeinsamen methodologischen Grundposition ausging, sondern mehr von gemeinsamen thematisch orientierten Forschungsinteressen.

Neben *Trnka* war *Trubetzkoy* ein bedeutender Vertreter der Prager Schule. Seine Arbeit steht am Anfang der strukturellen Linguistik und gilt vor allem der Phonologie. *Trubetzkoy* nimmt erstmals eine Abgrenzung zwischen Phonetik und Phonologie vor:
In der 'Phonetik' wird die materielle Zusammensetzung und äußere Form der einzelnen Laute untersucht. In der 'Phonologie' dagegen interessiert die jeweilige Funktion einzelner Laute im Sprachsystem. 'Phonologie' beschreibt Laute nicht um ihrer selbst willen, sondern als Teile eines geordneten Zeichensystems mit Verständigungsfunktion.
Damit erhalten die Laute der Sprache eine distinktive Funktion, d. h. durch die Veränderung eines Lautes

in einer bestimmten Position verändert sich nicht nur der Klanginhalt eines Wortes, sondern auch seine Bedeutung (z. B. durch den Austausch von Vokalen in den Wörtern: "Wild" – "Wald"; "Matte" – "Motte" – "Mitte"; sowie durch Austausch von Konsonanten in: "Mutter" – "Butter" – "Futter" – "Kutter").

Die kleinsten bedeutungsunterscheidenden Lauteinheiten werden 'Phoneme' genannt.

Sie können in 'phonologischer Opposition' zueinander stehen, wie dies die o. g. Beispiele zeigen. Das Forschungsinteresse der Phonologie gilt also dem Systemzusammenhang relevanter Eigenschaften der Sprachlaute.

Ob zwei Laute in 'phonologischer Opposition' zueinander stehen oder ob es sich jeweils um zwei Varianten ein und desselben Phonems handelt, kann nur auf Grund der bedeutungsdifferenzierenden Funktion der jeweiligen Laute entschieden werden.

Es gibt phonetische Verstöße gegen die Aussprachenorm, welche nicht bedeutungsändernd sind. Dieses Phänomen taucht u. a. beim Zweitspracherwerb auf. Dort kommt es vor, dass Laute anders als üblich realisiert werden. Gleichwohl ist ungeachtet solcher Abweichungen die Verständigung nicht gefährdet.

Ein phonetischer Verstoß gegen die Aussprachenorm des Deutschen liegt z. B. vor, wenn der Vokal "i" in dem Wort "mir" nicht lang, sondern kurz ausgesprochen wird.

Da derartige phonetische Verstöße gegen die Aussprachenorm die Bedeutung nicht verändern, gefährden sie auch nicht die Verständigung.

Anders verhält es sich dagegen mit phonologischen Verstößen gegen das Sprachsystem. Diese sind verständigungsgefährdend.

Beispiel: "mein" statt "dein".

In der Prager Schule wurde die Phonologie weiterentwickelt und im Zusammenhang damit das 'Phonem' als kleinste bedeutungstragende Einheit der Sprache definiert.

Einerseits war also die Weiterentwicklung der Phonologie Voraussetzung für die Diskussion des Strukturgedankens, andererseits war die Entstehung des Strukturalismus Voraussetzung für die Weiterentwicklung der Phonologie.

Trubetzkoy hat also den Systemgedanken *Saussures* für die Lautlehre, bzw. für die Lehre von der Funktion der Laute, nutzbar gemacht.

Doch war phonologische Forschung nicht allein auf die Prager Schule beschränkt. 1938 starb *Trubetzkoy*, im gleichen Jahr emigrierte sein Mitarbeiter *Jakobson* in die USA. Auch wurde die Arbeit im Zweiten Weltkrieg unterbrochen, später jedoch in Amerika wieder fortgesetzt, so dass auch hier Forschungsergebnisse innerhalb der Phonologie erzielt wurden. Nach dem Zweiten Weltkrieg war die Sowjetunion an derartigen Problemen nicht interessiert. Daher fand eine Weiterentwicklung der Phonologie nur in Skandinavien und in den USA statt. Erst mit Beginn der fünfziger Jahre kommt es in der Sowjetunion, in der Tschechoslowakei und in der ehemaligen DDR zur Wiederaufnahme der Phonologiediskussion. Schließlich wurden an der "Deutschen Akademie der Wissenschaften" in Berlin phonologische Untersuchungen unter *Isacenko* durchgeführt.

Forschungsgegenstand der Prager Schule waren die distinktiven, d. h. bedeutungsunterscheidenden Merkmale der Phoneme unter Beachtung bestimmter Lautgesetze bezüglich der Phonemkombinatorik im Redefluss.

In anderen strukturalistischen Schulen, wie etwa in Kopenhagen und in den USA, beschränkte man sich nur auf die Phonemkombinatorik und vernachlässigte die Erforschung der distinktiven Merkmale.

Die Prager Schule erarbeitete also eine 'distinktive' Phonologie, die Kopenhagener Schule und die Amerikanischen Schulen dagegen eine 'distributionelle' Phonologie, d. h. letztere waren lediglich an der Vorkommensverteilung der Phoneme in der Rede interessiert.

Die Prager Schule war 'mentalistisch' orientiert, die anderen Schulen dagegen 'mechanistisch'; letztere verzichteten also auf die Einbeziehung von 'Bedeutung', welche für die Prager Schule wichtig war.

Zusammenfassend ist festzustellen, dass die Prager Schule von einem positiven Verhältnis zur sprachwissenschaftlichen Tradition gekennzeichnet ist, dergestalt, dass Sprache in Abhängigkeit von der materiellen Realisation gesehen wird; d. h. Sprache ist Mittel der Erkenntnis und der Wiedergabe außersprachlicher Realität.

Der Satz als sprachliche Einheit wird nicht mehr allein unter den formalen Kriterien einer Gliederung in 'Subjekt' und 'Prädikat' gesehen, sondern vielmehr auf Grund seiner informationstragenden Struktur gegliedert. Diese Gliederung ist binär. Man unterscheidet zwischen 'Thema' und 'Rhema'. 'Thema' ist das, was im Satz bereits bekannt ist, 'Rhema' der Inhalt der neuen Mitteilung. Bei dieser Trennung sind fließende Übergänge möglich.

2. Die Kopenhagener Schule

1933 wurde die Kopenhagener Schule unter *Hjelmslev* und *Brøndahl* gegründet.
Ihre wesentliche Leistung wird in der Übertragung der phonologischen Methode auf die inhaltliche Seite der Sprache gesehen. *Hjelmslev* unterscheidet im Sinne von *Saussure* zwischen 'Form' und 'Substanz'. Daraus resultieren die folgenden vier 'Strata':

Phonetik, Phonologie, Grammatik und Semantik.

Dabei werden Phonetik und Phonologie auf der Ebene des Ausdrucks, dagegen Grammatik und Semantik auf der Ebene des Inhalts zusammengefasst.

Inhalt und Ausdrucksform sind nicht isomorph, sie stehen also nicht in einer 1 : 1-Entsprechung.

Für die Vertreter der Kopenhagener Schule gehörten nur Phonologie und Grammatik zur eigentlichen Linguistik. Phonetik und Semantik waren dagegen nur so genannte 'Hilfsdisziplinen'. Hauptgegenstand der Forschung war das Verhältnis zwischen Phonologie und Grammatik.

Die Kopenhagener Schule hat also den Gesamtbereich von Linguistik auf die Bereiche Phonologie und Grammatik reduziert. Die Bereiche Phonetik und Semantik waren nicht ihr Forschungsgegenstand.

Die vier 'Strata' wurden folgendermaßen definiert und zusammengefasst:

1) Substanz des Ausdrucks: Phonetisches Material, welches für alle Sprachen gleich ist.
2) Form des Ausdrucks: Das für eine Sprache gültige phonologische System.
3) Substanz des Inhalts: Die Widerspiegelung von Sachverhalten der Außenwelt, welche für alle Sprachen gleich sind.
4) Form des Inhalts: Hiermit ist die Ordnung des Sprachmaterials innerhalb einer bestimmten Sprache gemeint. Die Ordnungsprinzipien sind vor allem grammatischer Natur.

Wie bereits erwähnt, ist für die Kopenhagener Schule der primäre Gegenstand der Erforschung von Sprache das Erfassen der Strukturen einer Sprache hinsichtlich ihrer Phonologie und Grammatik sowie das Verhältnis von Phonologie und Grammatik zueinander.

Hjelmslev geht daher von zwei grundlegenden Annahmen *Saussures* aus:

1. Sprache ist eine Form und keine Substanz.
2. Einziger Gegenstand der Sprachwissenschaft ist die Sprache an und für sich.

Dabei beruft *Hjelmslev* sich auf den letzten Satz im "Cours de linguistique générale" (in der deutschen Übersetzung):

> Die Sprache an und für sich selbst betrachtet ist der einzige wirkliche Gegenstand der Sprachwissenschaft. (*Saussure* ²1967: 279)

Hjelmslev fasste die Ergebnisse seiner Forschung in den 1943 erschienenen "Prolegomena to a Theory of Language" zusammen.

Darin setzt er sich vor allem kritisch mit den Forschungsergebnissen der Prager Schule, aber auch mit den Auffassungen *Saussures* auseinander.

Der Kopenhagener Schule war daran gelegen, den rein strukturellen Charakter ihrer Konzeption zu betonen. Zu diesem Zweck führte sie den Begriff 'Glossematik' ein ("glossa", abgeleitet von der griechischen Bezeichnung für "Sprache").

1936 stellte *Hjelmslev* den Begriff 'glossematisch' dem Begriff 'funktionalistisch' gegenüber.

Die Kopenhagener Glossematik vernachlässigte die Beobachtung sprachlicher Fakten.

Dazu *Helbig*:

War in Prag die Theorie etwas allgemein und hatte die Praxis zu weiterreichenden Ergebnissen geführt, so stehen in Kopenhagen einer tief durchdachten und hoch abstrakten Theorie wenig praktische Forschungsergebnisse gegenüber (^{2}1973: 64)

In der Kopenhagener Schule wird der Funktionsbegriff rein strukturell, nahezu mathematisch verstanden und nicht semantisch oder denotativ wie in der Prager Schule.

Dazu noch einmal *Helbig*:

Im Gegensatz zur Prager Schule, die im traditionellen Sinne in der Funktion von Sprache eher die Verwendung, den Gebrauch, die Zweckbestimmung, die Beziehung zur bezeichneten Sache sah, ist der glossematische innersprachliche Funktionsbegriff nahezu synonym mit dem Relationsbegriff. (^{2} 1973: 66)

Die abstrakte, eher mathematische Bestimmung des Funktionsbegriffs und anderer Begriffe in der sprachwissenschaftlichen Konzeption der Kopenhagener Schule ist darin begründet, dass sie sich in ihren Forschungsarbeiten nicht allein auf *Saussure* stützt, sondern vielmehr stark von der Sprachphilosophie beeinflusst wurde und diesbezüglich speziell durch die logische Sprachtheorie unter dem Einfluss der Mathematiker *Whitehead*, *Russel* und *Carnap* stand.

An diesem Zusammenhang ist exemplarisch erkennbar, wie sehr Forschungsrichtungen und Forschungsergebnisse immer auch davon abhängig sind, welchen außerlinguistischen Forschungsbereichen sich einzelne Sprachwissenschaftler verpflichtet sehen bzw. welche Hilfs- und Teildisziplinen sie jeweils auswählen, um eine eigenständige Konzeption zu entwickeln.

3. Der amerikanische Deskriptivismus

Innerhalb der amerikanischen Schulen gibt es zwei unterschiedliche Richtungen, welche aus dem traditionellen Hintergrund ihrer Hauptvertreter entstanden sind.

1. Der "Linguistic Cercle of New York" als Zweigstelle der Prager Schule, als Exiluniversität. Hauptvertreter waren *Martinet* und *Jakobson*.

2. Die Yale-School mit ihren Hauptvertretern *Sapir* und *Bloomfield*.

Im Folgenden sei zunächst auf die Konzeption *Bloomfields* eingegangen. *Bloomfield* hatte in Leipzig studiert und war somit Anhänger der deutschen Junggrammatiker. Sein 1933 erschienenes Buch "Language" wird als Standardwerk der amerikanischen strukturellen Linguistik angesehen. Als Hauptverdienst *Bloomfields* wurde derzeit die Entwicklung der "Linguistik als Wissenschaft" bzw. deren Abgrenzung von dem, was man vorher als "Sprachwissenschaft" bezeichnet hatte, angesehen.

Bloomfield geht von Ansätzen der behavioristischen Psychologie aus. Letztere entwickelte ein Reiz - Reaktions - Schema, welches *Helbig* folgendermaßen charakterisiert:

> Jedes Verhalten kann ... beschrieben werden durch die Ausgangssituation, den Reiz oder Stimulus und die durch sie ausgelöste Handlung, Reaktion. Im behavioristischen Sinne wesentlich für das menschliche Verhalten ist somit allein der Zusammenhang von Stimulus und Reaktion. (^{2}1973: 73)

Bloomfield hat dieses Reiz-Reaktions-Schema (stimulus-response) nicht zum Zwecke der Sprachbeschreibung aufgegriffen, sondern vielmehr zur Bestimmung der Funktion von Sprache im gesellschaftlichen Kontext.

Dieses Reiz-Reaktions-Schema ist auch unter dem Namen "Input-Output-Methode" bekannt geworden.

Helbig schreibt kritisch dazu:

> In Wahrheit ist die Reaktion eines Organismus nicht allein vom Reiz her verständlich. Vor allem der Mensch wird keineswegs ausschließlich durch den äußeren Reiz gesteuert; sein Verhalten ist nicht nur eine Funktion des äußeren Reizes, weil er ein dynamisch selbstregulierendes System ist. Man muss aber stets beachten, dass Reiz und Reaktion im Falle des Menschen primär gesellschaftlich bedingt sind. (^{2}1973: 74)

Bloomfield versucht nun, Sprache als besondere Form menschlichen Verhaltens in das behavioristische Schema einzubinden.

Sprache, so *Bloomfield*, sei Ersatzreaktion und auch Ersatzstimulus als Brücke zwischen den Reizen des Sprechers und den Reaktionen des Hörers.

Dieser Ansatz wird später als 'Behaviorismus' bezeichnet.

Im Gegensatz zu einer anderen Forschungsmethode, die unter dem Begriff 'Mentalismus' bekannt geworden ist, wird ein vermittelndes Bewusstsein nicht berücksichtigt.

Bloomfield fordert, linguistische Kategorien rein formal zu bestimmen. Ebenso hält er das Ausschalten von 'meaning' für unabdingbar, da keine vollkommene wissenschaftliche Beschreibung aller wahrnehmbaren Objekte möglich sei. Nach *Bloomfield* gibt es nur eine außerlinguistische Deutung von 'meaning'. Der Begriff 'Bedeutung' ('meaning') ist als Mittel der Analyse, der Definition und Klassifikation sprachlicher Phänomene unbrauchbar, aber als Kenntnis oder als Wissen über das Phänomen 'Bedeutung' für linguistische Forschung vorauszusetzen; d. h. die Lehre von der Bedeutung sprachlicher Zeichen ist nur aus methodischen, nicht aber aus philosophischen Gründen aus der Sprachbeschreibung auszuklammern.

Im behavioristischen Sinne meint 'Bedeutung' die Situation, in welcher sich ein Sprecher äußert, und die Reaktion, die in einem Hörer hervorgerufen wird. Im Gegensatz zum außersprachlichen 'meaning'-Begriff definiert *Bloomfield* den Funktionsbegriff aus der strukturellen Position im Satz:

... privileges of occurrence make up ... the grammatical function. (*Helbig* ²1973: 77)

Dies bedeutet: Die Art und Weise des Vorkommens eines sprachlichen Zeichens im Kontext bestimmt seine grammatische Funktion.

Ein Nachfolger *Bloomfields* und ein weiterer Hauptvertreter des Amerikanischen Deskriptivismus ist *Harris*, welcher 1951 in seiner Schrift "Methods in Structural Linguistics" die Forschungsarbeit *Bloomfields* fortsetzt, seine Ansätze weiter ausbaut und neue theoretische Grundlagen liefert.
Harris wird als Begründer der Distributionslehre angesehen.
Er ist der Hauptvertreter der so genannten 'distributionalistischen' oder 'taxonomischen' Schule.
Sprachliche Einheiten wie 'Phoneme' und 'Morpheme' werden nicht mehr mentalistisch, d. h. auf Grund ihrer bedeutungsdifferenzierenden Funktion gesehen, sondern rein physikalisch und distributionalistisch beschrieben.
Dies geschieht durch die Feststellung der möglichen Umgebungen einer sprachlichen Einheit unter Ausschaltung ihrer Bedeutung. Unter 'Distribution' versteht *Harris* die Verteilung von sprachlichen Zeichen in einem Wort oder in einem Satz.
Diese spezifische Forschungsmethode entstand auf Grund eines ganz bestimmten Forschungsauftrags, mit dem sich die Sprachwissenschaft damals konfrontiert sah, nämlich dem Auftrag der Erforschung von Indianersprachen.

Das Verfahren bzw. die Vorgehensweise innerhalb dieser Forschungsrichtung war folgende:

1. Segmentierung des Redeflusses mittels Substitution, d. h. Ersetzen eines sprachlichen Zeichens durch ein anderes und damit die Ermittlung der kleinsten Einheiten.

2. Klassifizierung der Elemente aufgrund von Distributionsanalysen.

3. Beschreibung der durch Distribution gefundenen Klassen.

Im Folgenden seien Vor- und Nachteile der Distributionsanalyse genannt:

Vorteile

Sie gewährleistet Prozeduren und Methoden mit der Möglichkeit, alle subjektiven Faktoren zu vermeiden.

Der Distributionsbegriff ist so allgemein und deshalb auf alle Sprachen anwendbar.

Nachteile

'Meaning' schleicht sich durch die 'Hintertür' wieder ein.
Es ist empirisch unmöglich, das mögliche Vorkommen jedes Elements in jeder Umgebung zu ermitteln.

Es besteht daher die Abhängigkeit von Informanten, welche befragt werden müssen und deren Interviewverhalten subjektiv ist.

Distribution ist zwar eine notwendige, aber keine hinreichende Bedingung für die Gleichheit von Bedeutung.

Autoren, welche sich mit der Distributionsmethode von *Harris* auseinandergesetzt haben, z. B. *Postal* und *Chomsky*, sind von der erklärenden Kraft dieses Modells nicht überzeugt.

Daher entsteht der Übergang zur Transformationsanalyse. Hauptvertreter dieser Forschungsmethode ist *Noam Chomsky*.

Die von ihm entwickelte "Generative Transformations-Grammatik (GTG)" ist als eine neue und eigenständige Grammatiktheorie anzusehen.

Insgesamt sind also drei Phasen des Amerikanischen Strukturalismus zu unterscheiden:

Das Meaning-Problem (*Bloomfield*)
Die Distributions-Analyse (*Harris*)
Die Transformations-Grammatik (*Chomsky*)

Helbig hat die Gesamtentwicklung innerhalb der "Modernen Linguistik", d. h. innerhalb der Forschungsrichtung, die global als "Strukturalismus" oder "strukturelle Linguistik" bezeichnet wird, folgendermaßen zusammengefasst:

Es ist offenkundig, dass die strukturelle Erfassung des Sprachsystems von der Forschung stufenweise vorgenommen worden ist; dass man in Prag zunächst mit dem am leichtesten zu überblickenden phonologischen System begann; dass man sich danach der Grammatik im engeren Sinne zuwandte und dass heute die meisten Bemühungen darauf gerichtet sind, auch die semantische Ebene zu strukturieren. ([2]1973: 89)

Die wichtigsten Schriften zur strukturellen Linguistik, welche den jeweiligen Entwicklungen entsprechen, sind:

Trubetzkoy: "Grundzüge der Phonologie", 1939 (Funktionalismus).
Hjelmslev: "Prolegomena to a Theory of Language", 1943 (Glossematik); (dt. Übers. 1974).
Bloomfield: "Language", 1933 (Behaviorismus).
Harris: "Methods of Structural Linguistics", 1951 (Distributionsanalyse).
Chomsky: "Syntactic Structures", 1957, und danach die "Aspects of the Theory of Syntax", 1965 (Generative Transformationsgrammatik); (dt. Übers. 1969).

In den bisherigen Ausführungen wurde deutlich, dass in den Schulen des "Amerikanischen Deskriptivismus" mehrere verschiedene Forschungsrichtungen entwickelt wurden.

Abschließend gebe ich eine Zusammenfassung über die Hauptmethoden der "Strukturellen Linguistik", die im "Amerikanischen Deskriptivismus" Anwendung fanden:

1. Methode der Informantenbefragung

Der Informant gilt als verbindliche Instanz für die Beantwortung folgender Fragen:

• Sind bestimmte Äußerungen in einer bestimmten Sprache möglich?
• Sind zwei Äußerungen identisch oder verschieden voneinander?

Bei der Erforschung der eigenen Sprache ist der Linguist selbst sein eigener Informant. Bei der Erforschung fremder Sprachen, etwa der Indianersprachen, müssen andere Informanten – so genannte 'native speaker' – hinzugezogen werden.

2. Die Distributionsanalyse

Distribution ist die Gesamtheit aller möglichen Umgebungen eines Elements.

Damit werden sprachliche Einheiten nicht mehr auf Grund ihrer Bedeutung, sondern auf Grund ihrer Umgebungen, Positionen, ihres Vorkommens, ihrer Verteilung und ihres Kontextes klassifiziert.

Zunächst wurde die Distributionsanalyse auf die Phonologie angewendet. Laute wurden nicht nur akustisch unterschieden, wie in der traditionellen Phonetik; sie wurden nicht nur nach ihrer bedeutungstragenden Funktion untersucht, wie in der Prager Schule; sie wurden distributionell bestimmt, d. h. durch Feststellung ihres Vorkommens in bestimmten Umgebungen.

Funktion der Distributionsanalyse: Mit ihrer Hilfe können sprachliche Klassen allein auf Grund der formalen, messbaren und objektiven Beziehungen ihrer Elemente ermittelt werden.

3. Die IC-Analyse

"IC" bedeutet "Immediate Constituents" (deutsch: "unmittelbare Konstituenten").

Dabei wird eine hierarchische Unterteilung einer Äußerung in jeweils zwei Segmente (Phrasen) vorgenommen. Es gibt verschiedene Darstellungsmöglichkeiten.

In der "Phrasenstrukturgrammatik", auch "PS-Grammatik" genannt, wird von einer Darstellung in Stammbäumen ausgegangen. Sie beschränkt sich nicht allein auf die hierarchische Segmentierung, sondern weist den Segmenten bestimmte Kategorien zu.

4. Transformationen

Dabei geht es um die Umwandlung syntaktischer Einheiten aufgrund bestimmter Regeln. Es entstehen neue syntaktische Einheiten mit anderer Struktur, aber gleichem lexikalischen Bestand.

Die Transformationsanalyse hat im Gegensatz zur Distributions- oder IC-Analyse, also auch im Gegensatz zur PS-Grammatik, die Möglichkeit, Mehrdeutigkeiten in Sätzen zu erklären.

Beispiel:

"Hans schreibt Karl im Gefängnis einen Brief."

Mit Hilfe der Transformationsanalyse können in diesem Satz die Aktiv- bzw. Passivpositionen bestimmt werden, so dass die Mehrdeutigkeit, wonach unklar ist, ob Hans oder Karl im Gefängnis sitzt, aufgehoben wird.

So erfolgt eine Differenzierung in Oberflächen- und Tiefenstruktur.

5. Substitution

Durch Ersetzen eines Parameters mittels eines anderen ändert sich der lexikalische Gehalt bei gleichbleibender syntaktischer Struktur.

Beispiel:

"Der Dozent hält einen Vortrag."

"Der Student hält ein Referat."

Wurde die Generative Transformations-Grammatik stark von Mathematik und formaler Logik beeinflusst, so entwickelten sich dagegen und parallel dazu Grammatiken, die eher inhaltsbezogen orientiert waren. (Vgl. *Helbig* ²1973).

Auch sind seit Erscheinen der Syntaxtheorie von *Chomsky* (dt. 1969) zahlreiche andere Grammatiken entstanden. (Für den deutschen Sprachraum: *Admoni* und *Weydt/Henschel*, aber auch *Brinkmann, Duden, Eisenberg, Erben* und andere im Literaturverzeichnis nicht genannte Autoren).

Die Konzepte der Nachfolger waren nicht zuletzt mit der Auseinandersetzung um die theoretische Trennung von Syntax und Semantik konfrontiert.

Wladimir Admoni beschreibt im Anhang seines Werkes "Der deutsche Sprachbau" (⁴1982) ein "Bathysmatisches System der Strukturierung von grammatischen Bedeutungen in der Redekette". *Admoni* geht davon aus, dass es keinen "Elementarsatz" gibt, in dem sich nicht verschiedene Bedeutungsebenen "partiturartig" überlagern. (Vgl. 311 ff.)

Neben den rein syntaktischen Elementen wie Wortart und Wortform mit ihren jeweiligen Verknüpfungsregeln nennt *Admoni* als Indices u. a. "Intonation" und "Kontext", Faktoren also, die von anderen Autoren eher der phonologischen und pragmatischen Beschreibungsebene zugeordnet werden.

Wie bereits im Zusammenhang mit den o. g. strukturalistischen Schulen erwähnt, gab es immer wieder Tendenzen, Semantik zu integrieren oder auszuklammern.
Demzufolge entstanden in den 70er und 80er Jahren zahlreiche Werke zur Semantik, auf die hier nicht näher eingegangen wird.
Doch sei darauf hingewiesen, dass Verfasser grammatischer Werke immer mehr den Kanon der Ebenen der Sprachbeschreibung von der Wort- und Satzebene hinaus auf die Textebene erweiterten.

So skizzieren *Weydt/Henschel* in der Einleitung ihres Werkes "Handbuch der deutschen Grammatik" (^{2}1994: 1–11) die Entwicklung einer Aspektverlagerung von der Phonologie über Syntax und Semantik hin zur Pragmatik.
Die Autoren sehen bereits bei *Harris*, dem Lehrer *Chomskys*, die Wurzeln für eine Textgrammatik, die später in Teilbereiche der Linguistischen Pragmatik münden und heute unter den Begriffen "Sprechakttheorie", "Konversations- und Gesprächsanalyse" sowie "Diskursanalyse" bekannt sind.

Wie sehr die Linguistik in der zweiten Hälfte des 20. Jahrhunderts Interferenzen und fließenden Übergängen bei der Erforschung der verschiedenen Ebenen der Sprachbeschreibung unterliegt, wird an den Werken zahlreicher Wissenschaftler dieser Zeit deutlich. Erwähnt sei z. B. die umfangreiche semiotische Forschung von *Roland Posner*. Der Titel seines 1980 in zweiter Auflage erschienenen Buches: "Theorie des Kommentierens. Eine Grundlagenstudie zur Semantik und Pragmatik", macht dies besonders deutlich.

Mehr und mehr werden Modelle zum System der Sprache entwickelt, wobei es zu Spezialisierungen und damit zur Konzentration auf einzelne Teilsysteme kommt.

Diese Teilsysteme sind im Wesentlichen:

Phonetik/Phonologie	Lautebene
Graphetik/Graphemik	Schriftebene
Morphologie/Lexikologie	Wortebene
Syntax/Grammatik	Satzebene
Pragmatik	Textebene

Integriert in alle Teilsysteme ist die Semantik als Bedeutungslehre auf verschiedenen Ebenen.

In den 1970er Jahren änderten sich die Untersuchungsmethoden noch dahingehend, dass nicht mehr Literatur- und Bühnensprache als Standard im Vordergrund standen.

Die Erforschung mündlicher Rede geriet verstärkt in das Blickfeld linguistischer Analysen.

Letzteres war schon in den 1930er Jahren in den USA bei der Erforschung der Indianersprachen erforderlich gewesen.

Zuvor hatte die Mundartforschung im 19. Jahrhundert bereits ein Fundament gelegt.

Doch mit Zunahme der technischen Aufnahmemöglichkeiten, vor allem aber im Zuge wirtschaftspolitischer Interessen in den USA, kam es zu einer Verlagerung von einer geographischen und psychologischen zu einer eher soziologischen Betrachtungsweise.

So entstanden nicht nur in den Teilbereichen der bereits genannten Ebenen der Sprachbeschreibung, sondern auch hinsichtlich der sozialen Funktionen von Sprache Differenzierungen in verschiedene Variationen ein- und derselben Nationalssprache.
Grob unterschieden werden seither die Variationen: Standard, Umgangssprache, Dialekt und Soziolekt.

Zu allen genannten Teilsystemen und Variationen gibt es zwischenzeitlich vielfältige Forschungsansätze mit so zahlreichen Autoren, Publikationen und Bibliographien, dass hier nicht darauf eingegangen werden kann.

Allein aus der Auseinandersetzung mit der Variation des Soziolekts entwickelte sich der Forschungszweig der Soziolinguistik, eine Richtung, welche sich, ausgehend von den USA in den 1970er und 1980er Jahren, auch in Europa etablierte.

So vollzog sich im 20. Jahrhundert eine Entwicklung von der Dialektologie über Studien zu sprachlichen Varietäten insgesamt zur Soziolinguistik.

Darüber hinaus wandelt sich in der modernen Linguistik die Vorstellung von der Autonomie der Linguistik als Einzeldisziplin zugunsten multidisziplinärer Sichtweisen. Seither sind in Sprachstudien Erkenntnisse aus der Semiotik, Philosophie, Psychologie, Neurologie, Biologie, Soziologie, Jura, Computerlinguistik, maschineller Übersetzung u. a. integriert. Im Gegenzug führt diese Offenheit zum Einfluss von Linguistik auf andere Disziplinen. (Vgl. *Auroux* et al. 2000/2001).

Besonders deutlich werden diese Einflüsse in der Erforschung von Spracherwerb und Sprachbewusstsein (Vgl. *Stern/Stern* ⁴1928; *Curtiss* 1977; *Weber* 1982; *Gornik* in *Haueis* (Hg.) 1989).

Obgleich es nicht möglich ist, auf alle Teilbereiche der Gegenwartslinguistik auch nur ansatzweise einzugehen, sei abschließend auf drei Schwerpunkte verwiesen: Die Partikelforschung, die linguistische Literaturanalyse und die angewandte Linguistik.

Der Partikelforschung sind zahlreiche Autoren verpflichtet. (Vgl. *Weydt* (Hg.) 1983; *Ehlich* 1987; u. a.).

Die zahlreichen Schriften der hier genannten, aber auch anderer Autoren, machen deutlich, wie sehr die so genannten 'kleinen Wörter', die in der früheren Sprachwissenschaft entweder gar nicht oder eher als unbedeutendes Beiwerk erachtet wurden, eine alle Ebenen der Sprachbeschreibung umfassende Bedeutung zu erlangen vermögen, sowie Sprache als vielfältig changierendes Medium zwischenmenschlicher Verständigung zu erkennen geben.

Aus diskursanalytischer Sicht ist die linguistische Betrachtungsweise von Literatur ebenfalls ein Forschungsbereich, der die Lebendigkeit von verbalen Details in ihrem Spannungsfeld von Individuum und Gesellschaft manifestiert. (Vgl. *Weber* 1992 u. *Haueis* 2000).

Auch Forschungsschwerpunkte der angewandten Linguistik gelangten in den letzten Jahrzehnten immer mehr zur Entfaltung.

Computerlinguistik und maschinelle Übersetzung wurden bereits erwähnt.
Darüber hinaus dürften die Primär- und Fremdsprachendidaktiken eine unverzichtbare Forschungsgrundlage für den Unterricht an allgemeinbildenden Schulen sein. Allein die zahlreichen Ergebnisse zur Primärsprachendidaktik machen Vernetzung und Probleme der Transformation theoretischer Erkenntnisse in praxisorientierte, anwendungsgeeignete Modelle und Methoden deutlich. (Vgl. z. B. *Nündel* 1976; *Haueis* 1981 u. 2000 ; *Ivo* 1994)

Die verschiedenen zuvor genannten Forschungsbereiche insgesamt dürften die Komplexität von Sprache und Sprechen widerspiegeln.
Das Sprachmodell über "Ebenen der Sprachbeschreibung", vorn auf dem Vorsatzblatt dieses Buches, verweist auf die vielschichtigen Anteile, welche von Sprachbenutzern als aktiv verfügbares oder latent angelegtes, daher passiv vorhandenes Sprachbewusstsein erworben werden, und folglich auch als Gegenstände der Sprachforschung ihre jeweilige Auswahl finden.

Geschichte der Sprachwissenschaft entsteht immer aus Abfolgen und Veränderungen von Aspekten, die sich aus verschiedenen wandelbaren Blickwinkeln und Positionsverschiebungen ergeben.
Jede Epoche hat ihren spezifischen 'Zeitgeist', und jede Region ihre durch Umweltfaktoren bedingten Sichtweisen, die sich ergänzen können, aber auch miteinander zu konkurrieren vermögen.

Ausgewählte Literatur

Admoni, Wladimir: Der deutsche Sprachbau. München ⁴1982.

Admoni, Wladimir: Historische Syntax des Deutschen. Tübingen 1990.

Althaus/Henne/Wiegand (Hg.): Lexikon der Germanistischen Linguistik. Studienausgabe I–IV. Tübingen ²1982.

Arens, Hans: Sprachwissenschaft. Der Gang ihrer Entwicklung von der Antike bis zur Gegenwart, Bd. 1 und 2. Frankfurt a.M. 1969.

Auroux/Koerner/Niederehe/Versteegh (Hg.): Geschichte der Sprachwissenschaften. Ein internationales Handbuch zur Entwicklung der Sprachforschung von den Anfängen bis zur Gegenwart. 1. u. 2. Teilband. Berlin/New York 2000/2001.

Baum/Böckle/Hausmann/Lebsanft (Hg.): Geschichte der Sprachwissenschaft und der neueren Philologien. In: Lingua et Traditio. Festschrift für H. H. Christmann. Tübingen 1994.

Brekle, Herbert Ernst: Einführung in die Geschichte der Sprachwissenschaft. Darmstadt 1985.

Brekle/Dobnig-Jülch/Höller/Weiß (Hg.): Bio-bibliographisches Handbuch zur Sprachwissenschaft des 18. Jahrhunderts. Die Grammatiker, Lexikographen und Sprachtheoretiker des deutschsprachigen Raums mit Beschreibung ihrer Werke. Bd. 1–7. Tübingen 1992–2001.

Chomsky, Noam: Aspekte der Syntaxtheorie. Frankfurt a. M./Berlin 1969.

Curtiss, Susan: GENIE. A Psycholinguistic Study of a Modern-Day "Wild Child". New York/San Francisco/London 1977.

Ehlich, Konrad: Interjektionen. In: Linguistische Arbeiten 111. Tübingen 1986.

Ehlich, Konrad: so – Überlegungen zum Verhältnis sprachlicher Formen und sprachlichen Handelns, allgemein und an einem widerspenstigen Beispiel. In: Inger Rosengren (Hg.) Sprache und Pragmatik. Stockholm 1987.

Feldbusch, Elisabeth: Geschriebene Sprache. Untersuchungen zu ihrer Herausbildung und Grundlegung ihrer Theorie. Berlin/New York 1985.

Feldbusch, Elisabeth et al. (Hg.): Neue Fragen der Linguistik. Akten des 25. Linguistischen Kolloquiums,

Paderborn 1990. Band 2: Innovation und Anwendung. Tübingen 1991.

Gornik, Hildegard: Metasprachliche Entwicklung bei Kindern. Definitionsprobleme und Forschungsergebnisse – ein Überblick. In: Eduard Haueis (Hg.) Osnabrücker Beiträge zur Sprachtheorie (OBST 40). 1989.

Haarmann, Harald: Universalgeschichte der Schrift. Frankfurt a. M./New York 1990.

Haueis, Eduard: Grammatik entdecken. Grundlagen des kognitiven Lernens im Sprachunterricht. Paderborn/München/Wien/Zürich 1981.

Haueis, Eduard: Schriftlich erzeugte Mündlichkeit: Thomas Bernhards Interpunktionen. In: Osnabrücker Beiträge zur Sprachtheorie (OBST 61). Oldenburg 2000.

Haueis, Eduard/Weber, Ursula: Kognition und Instruktion. Überlegungen zu einer qualitativen Bewertung von Schüleräußerungen. In: Ossner/Oomen-Welke/Baurmann/Haueis (Hg.) Beurteilen im Deutschunterricht. Ludwigsburg 1984.

Helbig, Gerhard: Geschichte der neueren Sprachwissenschaft, unter dem besonderen Aspekt der Grammatik-Theorie. Leipzig ²1973.

Helbig, Gerhard: Entwicklung der Sprachwissenschaft seit 1970. Opladen 1990.

Hüllen, Werner (Hg.): Understanding the Historiography of Linguistics. Problems and Projects. Münster 1989.

Ivo, Hubert: Muttersprache, Identität, Nation. Sprachliche Bildung im Spannungsfeld zwischen Einzelnen und Fremden. Opladen 1994.

Lepschy, Giulio: History of Linguistics. I–IV. London/New York 1992.

Lewandowski, Theodor: Linguistisches Wörterbuch Band 1, 2 und 3. Heidelberg/Wiesbaden ^{5}1990.

Lyons, John: Einführung in die Linguistik. München 1972.

Müller, F. Max: Die Wissenschaft der Sprache. Leipzig 1892.

Nündel, Ernst: Zur Grundlegung einer Didaktik des sprachlichen Handelns. Kronberg/Ts. 1976.

Poser, Hans: Gottfried Wilhelm Leibniz. In: Großes Werklexikon der Philosophie, hg. v. Franco Volpi. Stuttgart 1999.

Posner, Roland: Theorie des Kommentierens. Eine Grundlagenstudie zur Semantik und Pragmatik. Tübingen ^{2}1980.

Posner, Roland: Semiotik diesseits und jenseits des Strukturalismus: zum Verhältnis von Moderne und Postmoderne, Strukturalismus und Poststrukturalismus. In: Zeitschrift für Semiotik 15. Tübingen 1993.

Robins, R. H.: A Short History of Linguistics. London/New York ⁴1997.

Saussure, Ferdinand de: Grundfragen der allgemeinen Sprachwissenschaft. Berlin ²1967.

Stern, Clara u. William: Die Kindersprache. Leipzig (1907) ⁴1928.

Weber, Ursula: Instruktionsverhalten und Sprechhandlungsfähigkeit. Eine empirische Untersuchung zur Sprachentwicklung. In: Reihe Germanistische Linguistik; (RGL 41). Hg. v. Henne/Sitta/Wiegand. Tübingen 1982.

Weber, Ursula: Im Labyrinth der Sprache. Essays zum literarischen Diskurs. Berlin 1992.

Weber, Ursula: Sprachwissenschaft in der 'Leibniz-Ära'. In: Hans Poser (Hg.) Vorträge des VII. internationalen Leibniz-Kongresses: Nihil sine ratione. Mensch, Natur und Technik im Wirken von Gottfried Wilhelm Leibniz. Berlin 2001.

Weydt, Harald (Hg.): Partikeln und Interaktion. RGL (Reihe Germanistische Linguistik) 44. Tübingen 1983.

Weydt, Harald/Hentschel, Elke: Handbuch der deutschen Grammatik. Berlin ²1994.

Die Autorin

Ursula Weber studierte Linguistik, Literaturwissenschaft und Kunst. Sie promovierte 1973 in Linguistik über "Kognitive und Kommunikative Aspekte der Sprachentwicklung".

Von 1974–1980 war sie Leiterin eines Forschungsprojektes zur Spracherwerbs- und Instruktionsforschung, das durch die Stiftung Volkswagenwerk gefördert wurde.

1980 erfolgte die Ernennung zur Universitätsprofessorin an der Technischen Universität Carolo Wilhelmina zu Braunschweig.

Sie ist Autorin mehrerer Bücher und Fachartikel zum Spracherwerb, zur Soziolinguistik und Sprachsoziologie, zur Instruktions- und Dialogforschung, sowie zur Bildenden Kunst.

Im Vordergrund ihrer Arbeit der letzten Jahre standen Fragen nach Möglichkeiten und Grenzen interdisziplinärer Forschung, vor allem in den Wechselwirkungen von Linguistik, Literatur, Soziologie und Kunst.

Prof. Dr. Eduard Haueis

Eduard Haueis studierte Germanistik, Romanistik, Religions- und Geistesgeschichte, sowie Neuere Geschichte und Theaterwissenschaften.
1968 promovierte er zum Dr. phil. über "*Karl Kraus und der Expressionismus*".
1974 habilitierte er sich an der Pädagogischen Hochschule Ruhr, Abteilung Hagen, für die Lehrgebiete "Deutsche Sprache und ihre Didaktik".
Danach wechselte er an die Pädagogische Hochschule Ludwigsburg. 1976 erfolgte dort seine Ernennung zum Professor für "Deutsche Sprache und ihre Didaktik."
Seit 1991 lehrt er in diesen Fächern an der Pädagogischen Hochschule Heidelberg.

Eduard Haueis ist Autor verschiedener Bücher und Fachartikel zu den Arbeitsschwerpunkten: Sprachdidaktische Theoriebildung, Grammatik und Aufsatzunterricht.
Darüber hinaus gilt nach wie vor sein Interesse dem Theater und der Literatur, unter anderem mit Publikationen über *Thomas Bernhard*.
Seit 1985 arbeitet Prof. *Haueis* überdies als Mitherausgeber und Autor für die "Osnabrücker Beiträge zur Sprachtheorie" (OBST).

Sprachwissenschaft

Nina Janich
Albrecht Greule (Hrsg.)

Sprachkulturen in Europa

Ein internationales Handbuch

2002, 368 Seiten, 16 Seiten Karten,
geb. € 59,–/SFr 97,50
ISBN 3-8233-5873-1

In diesem Handbuch sind alle europäischen Einzelsprachen versammelt und von entsprechenden Fachleuten in ihrem sprachkulturellen und sprachpolitischen Kontext dargestellt. Ein grundsätzlich ähnlicher Artikelaufbau macht dieses Nachschlagewerk zugleich zu einem geeigneten Hilfsmittel für systematische Vergleiche der Sprachkulturen und Sprachsituationen in Europa. Neben Informationen zu Ausbreitung, Sprecherzahl und Status in den jeweiligen Nationalstaaten findet sich ein knapper sprachhistorischer Abriss, der den Erklärungshintergrund für die heutige Sprachsituation abgibt. Im Zentrum der einzelnen Artikel stehen jedoch die sprachkultivierenden und sprachpflegerischen Aktivitäten, Institutionen und Initiativen innerhalb der jeweiligen Sprachgemeinschaften. Die Artikel vermitteln einen Eindruck von der zentralen Wichtigkeit der Sprache für nationale und kulturelle Identität sowie für die politische Bedeutung aller sprachfördernden Maßnahmen. Das Handbuch bietet daher nicht nur einen Überblick über die Möglichkeiten und Grenzen von Sprachkultivierung, sondern entwirft erstmals auch ein Bild der (oft politisch geprägten) Sprachensituation in Europa zu Beginn des neuen Jahrtausends.

 Gunter Narr Verlag Tübingen
Dischingerweg 5 · 72070 Tübingen
Fax: (07071) 7 52 88 · E-Mail: info@narr.de